기쁨
Joyfulness

1. 내가 얼마나 소중한지 알고 즐거워하는 것
   Being joyful by knowing how precious I am.

2. 어려운 상황이나 형편 속에서도 불평하지 않고
   즐거운 마음을 유지하는 태도
   Always having a happy heart without complaints.

머 리 말

이 책은 '기쁨'이 무엇인지 알고 생활 속에서 실천하면서, 멋진 성품의 리더가 되는 길을 가르쳐주는 책입니다.

기쁨이란 어려운 상황이나 형편 속에서도 불평하지 않고 즐거운 마음을 유지하는 태도(좋은나무성품학교 정의)입니다. 우리는 살면서 마음의 소원이나 희망이 이루어졌을 때 또는 우리가 원하는 일이 이루어졌을 때 기뻐합니다. 반면 우리의 꿈이 실현되지 않았을 때는 좌절하고 불평하기도 합니다. 그러나 참다운 기쁨은 우리의 소원이 이루어지지 않더라도, 혹은 주위의 형편이나 환경이 우리가 생각한대로 되지 않더라도 짜증내거나 불평하지 않고 즐거워하는 마음을 유지하는 태도입니다.

우리나라의 소득 수준은 1960년대 이후 지속적으로 증가했음에도 불구하고, 인생에 대한 만족도는 오히려 계속적으로 떨어지고 있습니다. 점점 부유해지고 있는데, 자살률은 해마다 증가합니다. 사람들은 점점 더 화를 잘 내고 예민해지며, 성품이 까다롭게 변하고 있습니다. 최근 통계 조사에 의하면 별것 아닌 일로 언성을 높이는 경우가 예전보다 더 많아졌다고 인정한 사람이 응답자의 70%나 되었으며, 예전보다 공공장소에서 화를 내는 경우가 더 많아졌다고 대답한 사람도 67%에 이르렀습니다.

　한편, 인정받는 것에 너무 집착한 나머지, 생활의 대부분에서 불만족을 감수하며 살아가는 사람들이 있습니다. 심지어 성공할 자격이 없으니 기뻐할 가치도 없다고 여기는 사람들도 있습니다. 하지만 그런 상태를 계속적으로 받아들이면, 결국 자기 자신에게 문제가 있거나 실패자라고 단정 짓는 상황을 초래하게 됩니다. 진정한 기쁨은 '나'를 만족하는 것으로부터 시작됩니다. 이 책은 기쁨의 성품으로 행복한 자아상을 갖고 다른 사람과 좋은 관계를 맺으며 세상을 기뻐하는 지도자가 되는 것을 목표로 출발했습니다.

　이 책이 만들어지기까지 사단법인 한국성품협회 좋은나무성품학교 청소년 연구팀의 큰 수고를 잊을 수 없습니다. 밤늦게까지 원고를 정리하고 토론했던 기억이 다음 세대의 큰 행복으로 이어질 것을 확신합니다.

　그럼 이제 우리 모두 기쁨의 나라를 향해 출발해 볼까요?
출발!

(사)한국성품협회 좋은나무성품학교 대표 이 영 숙 박사

목 차

틴틴스쿨

기쁨

Joyfulness

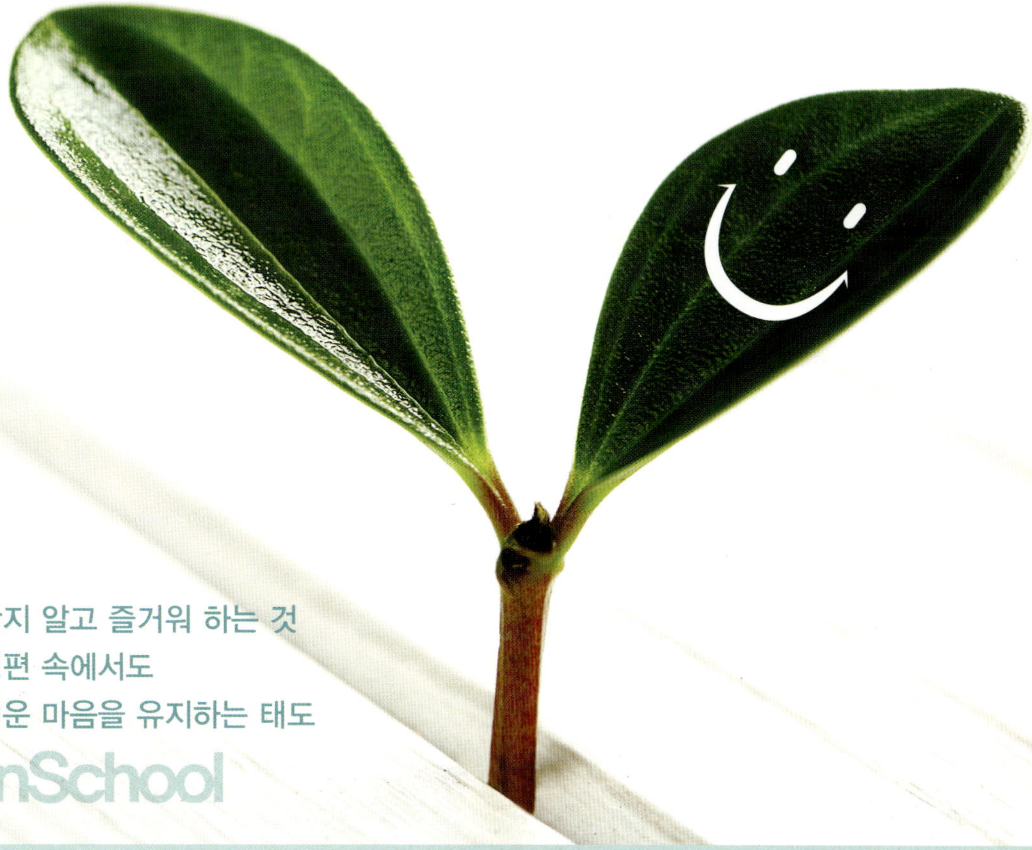

내가 얼마나 소중한지 알고 즐거워 하는 것
어려운 상황이나 형편 속에서도
불평하지 않고 즐거운 마음을 유지하는 태도

TeenTeenSchool

___________________ 학교 _____ 학년 ___반 ___번 이름_____________

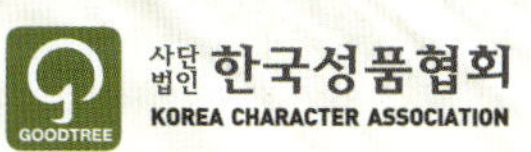

이영숙 박사

이영숙 박사는 우리나라 최초로 성품교육의 이론과 실천적 방향을
탁월한 혜안으로 정립한 성품교육 권위자이다. 어린이교육, 청소년교육,
교사교육, 부모교육, 일반인과 장애인을 대상으로 하는 통합교육 등
이영숙 박사가 창안한 성품교육은 이미 국내외 400여개 동역학교를 넘어
미국과 아시아, 아프리카 지역에까지 거대한 파급효과를 일으키며
강력한 영향력을 발휘하고 있다.

프로필

· (사)한국성품협회 좋은나무성품학교 대표, 한국성품학회 학회장, 현 건양대학교 교수
· 2013 '우수 인성교육 프로그램' 개발 – 교육부장관 인증상 수상
· 2011 대한민국 자랑스러운 혁신 한국인 – 혁신교육문화 부문 수상
· 2008 보건복지부 저출산 극복을 위한 '아이가 미래다' 캠페인 – 보건복지부장관 감사장 수상
· 청와대, 한국교육학술정보원, 교육청, 학교 명사초청 강연
· 국가보훈처, 여성가족부, 보건복지부 산하 성품교육 세미나 주강사
· 서울특별시교육청 · 경기도평생교육진흥원 · 서울특별시남부교육지원청 · 인천광역시남부교육지원청과
  '실천적 인성교육 활성화'를 위한 MOU 체결 – 인성 전문교육 실시
· 서울특별시교육청, 경기도교육청 지정 '초중고 특수분야 교사 직무연수' 주강사(2010년부터~현재)
· 조선일보 부모성품코칭 칼럼니스트, 경기신문 오피니언 칼럼니스트
· KBS 교실이야기, 생방송 오늘, 행복한 교실, 교육을 말합시다 출연
· MBC TV 특강, 꾸러기 식사교실, 컬투의 베란다 쇼, 해피해피 라디오 출연
· SBS 우리 아이가 달라졌어요 출연
· EBS 60분 부모, 라디오멘토 부모 출연
· 아주대학교 교육대학원 겸임교수 역임
· 단국대학교 대학원 교육학 박사 (특수교육 전공)

저서

· 인성을 가르치는 학교 만들기. 좋은나무성품학교. 2013
· 한국형 12성품교육론. 좋은나무성품학교. 2011
· 여성성품리더십. 두란노. 2013
· 성품 향기 되어 날다. 좋은나무성품학교. 2012
· 이영숙 박사가 들려주는 성품태교동화. 프리미엄북스. 2012
· 성품양육바이블. 물푸레. 2010
· 창의로운 인성을 키우는 성품 이야기–행복을 만드는 성품. 두란노. 2010
· 성품 좋은 아이로 키우는 부모의 말 한 마디. 예담프랜즈. 2009
· 성품 좋은 아이로 키우는 자녀훈계법. 두란노. 2008
· 나를 찾아 떠나는 여행 성품. 두란노. 2007
· 유아, 유치, 초등, 청소년, 청년, 부모, 직장인 성품교육과정 및 교재 개발. 좋은나무성품학교. 2005~ 외 다수

기쁨이란,
내가 얼마나 소중한지 알고 즐거워하는 것
어려운 상황이나 형편 속에서도 불평하지 않고 즐거운
마음을 유지하는 태도 [좋은나무성품학교 정의]입니다.

10분 Happy Time

성품 수업을 시작할 때 10분씩 지시대로 말하고 늘 성품의 액션을 취해 보세요.
성품 수업이 없는 날에도 매일 10분씩 말과 행동을 반복해 보세요.
반복하여 생각하고, 말하고, 행동하다 보면 어느새 나도 좋은 성품의 모습을 가진
사람으로 변해 있을 것입니다.

Story Telling (ST)

주제성품에 관한 짧은 글입니다. 이야기를 읽으며 주제 성품의 정의, 태도를 구체적
으로 발견할 수 있게 됩니다.

Think Tank (TT)

질문에 대한 대답을 생각해 보고 글로 표현하다 보면, 내 생각 속에 주제성품의
의미를 정리할 수 있게 됩니다.

Real Action (RA)

활동을 적극적으로 실천해 보세요. 성품의 내용을 한 번 두 번 말하고 행동하다
보면, 습관이 되고 나의 성품으로 표현할 수 있게 될 것입니다.
옆에 있는 친구나 가족, 선생님과 함께 활동하면서 더 좋은 관계를 맺을 수 있습
니다.

내 가 얼 마 나 소 중 한 지 알 고 즐 거 워 하 는 것
어 려 운 상 황 이 나 형 편 속 에 서 도 불 평 하 지 않 고 즐 거 운
마 음 을 유 지 하 는 태 도 [좋 은 나 무 성 품 학 교 정 의] 입 니 다 .

성품이 궁금해요 (Q&A)

성품에 대해 궁금해 하는 여러분들을 위해 성품에 대한 이해를 도울 수 있도록
이영숙 박사와 함께하는 성품 Q&A 시간입니다.

Break Time (BT)

재미있고 즐겁게 성품을 배우기 위한 다양한 활동을 통해 좀 더 가벼운 마음으로
성품에 대해 알고 실천할 수 있는 시간입니다.

성품 독서기록장

좋은 성품은 좋은 책을 통해 배울 수 있습니다. 나의 생각, 감정, 행동을 번화시킬
수 있는 좋은 책들을 읽고 기록해 보세요.

목차	주 제	영 역	활 동 내 용
1	성적인가? 성품인가?	ST	1) 잘 살 수 있는 삶의 공식 2) 성공의 조건
		TT	1) 내가 생각하는 잘 사는 삶의 공식 2) 성품의 영향력
		RA	부모님과 토론하기
		Q & A	성품이 뭐예요? 성품이란, 성품의 중요성
2	기쁨이란 무엇일까요?	ST	이영숙 박사로부터 온 기쁨의 편지
		TT	기쁨의 시작, 이 세상의 기쁨은 바로 나
		RA	기쁨의 정의 외우기
		Q & A	기쁨의 태도는 어떻게 키울 수 있나요
3	최고의 브랜드, 나를 기뻐해	ST	세상에서 가장 값진 사람
		TT	나를 최고의 브랜드로 만드는 비결
		RA	나는 내가 맘에 들어
		Q & A	자존감과 자존심
4	나를 발견하는 기쁨	ST	기쁨을 선택한 코리안 특급 박찬호 선수
		TT	내가 생각하는 나의 장점과 단점
		RA	기질 체크
		Q & A	인간의 네 가지 기질을 자세히 알아 봅니다.

목차	주 제	영 역	활 동 내 용
5	어떠한 상황에서도 기뻐해	ST TT RA Q & A	닉 부이치치가 가진 기쁨의 비밀 어려운 환경에서 기뻐할 수 있는 방법 나의 긍정문 만들기 기쁨의 법칙 '5-2-5'
6	기쁨이 힘입니다	ST TT RA Q & A	Jane Lloyd의 이야기 기쁨을 방해하는 것들 나의 기쁨의 규칙 인터넷 중독 자가진단검사
7	나를 빛나게 하는 기쁨	ST TT RA Q & A	기쁨의 성품을 가진 음악가 프란츠 피터 슈베르트 내가 즐겁게 할 수 있는 것은 슈베르트 음악 감상하기 기쁨의 성품은 어떤 유익이 있나요.
8	영화에서 찾은 기쁨 (꽃피는 봄이 오면)	ST TT RA Q & A	꽃피는 봄이 오면 어려운 환경에서도 이루고 싶은 것 나의 꿈 설계하기 6단계 성품 리더십이란 무엇인가요.

10분 Happy Time

성품수업을 시작하기 전 10분씩 지시에 따라 말하고, 행동해 보세요.

1. 성품 Action

손으로 머리를 쓰다듬으며 "나는 정말 소중해" "나는 정말 소중해" "나는 정말 소중해"

손을 가슴에 대고 "나는 특별해!" "나는 특별해!" "나는 특별해!"

손으로 얼굴을 감싸며 "사랑스런 OOO(내이름)!" "사랑스런 OOO!" "사랑스런 OOO!"

손으로 어깨를 두드리며 "나의 미래는 밝아!" "나의 미래는 밝아!" "나의 미래는 밝아!"

옆 친구를 바라보며 "너는 정말 소중해" "너는 정말 소중해" "너는 정말 소중해"

다른 친구를 바라보며 "네가 내 친구여서 기뻐!" "네가 내 친구여서 기뻐!" "네가 내 친구여서 기뻐!"

다른 친구를 바라보며 "넌 나의 친구야" "넌 나의 친구야" "넌 나의 친구야"

선생님을 바라보며 "선생님 감사합니다. 선생님은 우리의 기쁨입니다!"

선생님이 학생들에게 "얘들아 고맙다! 너희들이 나의 제자라는 것이 자랑스럽구나!"

친구들과 손을 잡고 "우리는 소중해!" "우린 정말 최고야!" "화이팅!"

손뼉을 치며 웃기 "하하하! 하하하! 하하하!"

발을 구르며 웃기 "호호호! 호호호! 호호호!"

어깨를 흔들며 웃기 "히히히! 히히히! 히히히!"

손을 입에 대고 크게 웃기 "와하하 하하하!" "와하하 하하하!" "와하하 하하하!"

배를 치며 크게 웃기 "깔깔깔 큭큭큭" "깔깔깔 큭큭큭" "깔깔깔 큭큭큭"

손뼉치며 웃기 "하하하!" (옆 친구와 손 마주치며 웃기) "호호호"

손뼉치며 웃기 "하하하!" (옆 친구와 손 마주치며 웃기) "호호호"

손뼉치며 웃기 "하하하!" (옆 친구와 손 마주치며 웃기) "호호호"

2. "기쁨의 법칙 5-2-5"

숨을 다섯 번 짧게 들이쉽니다 "흡~흡~흡~흡~흡~"

숫자 1, 2를 세며 숨을 참습니다 "하나, 둘"

숨을 다섯 번 길게 내쉽니다 "휴~휴~휴~휴~휴~"

3. How do you feel me? (나 어때?)

두 명씩 짝을 지어 서로에게 "나 어때?"라고 질문을 해 보세요. 상대방에게 느껴지는 긍정적인 이미지 또는 연상되는 단어 3가지를 말해 주세요. 10명의 친구를 만나 서로 질문을 주고받으며 빈칸을 채워 보세요.

리더십	에너지넘침	용기	순수함	책임감	낙천적	자비로움	사려깊음	꼼꼼함	포용력
의리	강인함	자신감	윤리적	겸손함	충성심	밝음	솔직함	분석적	완벽함
전통적	인정많음	이해력	부지런함	명랑함	소신있음	재치	희망적	쾌활함	결단력
순발력	배려	민첩함	섬세함	낭만적	평화	유연함	정확함	적응력	조화
성실	융통성	헌신	건강함	정직	카리스마	명확함	절제됨	도전적	모범적
협상능력	정의로움	열정적	탁월함	소박함	집중력	명석함	창의적	가능성	균형
독립정신	주도적	추진력	승부욕	분별력	적극적	섬세함	의지력	이해심	전문성
논리적	현실적	사랑	따뜻함	집념	신뢰	친절	검소함	설득력	통찰력
호기심	긍정적	신중함	세련됨	대처능력	탐구심	부드러움	유머감각	인내심	여유로움

번호	1	2	3
1			
2			
3			
4			
5			
6			
7			
8			
9			
10			

– 친구들이 나에게 가장 많이 이야기한 단어는 무엇인가요?

– 그 중 가장 마음에 드는 단어는 무엇인가요?

4. 기쁨의 인터뷰

내 옆에 있는 친구에게 "당신을 인터뷰하게 되어 영광입니다" 라고 말해 주세요.

아래의 질문으로 인터뷰 하고 답변의 내용을 적어 보세요.

Q	A
행복하세요? 지금 당신의 행복점수는 몇 점 인가요?	

Q	A
살아오면서 나에게 가장 큰 영향을 미친 사람은 누구입니까? 어떤 영향을 받았나요?	
닮고 싶은 롤 모델은 누구인가요? 어떤 점을 닮고 싶습니까?	

5. 진실 혹은 거짓

나를 소개하는 4개의 문장을 만들어 보세요. 그 중에 3가지는 거짓, 한 가지는 진실이어야 합니다.
옆 친구 또는 그룹을 만들어 4가지 중 무엇이 진실한 것인지 맞추어 보세요.

①

②

③

④

Opening Lesson

* 아래의 질문에 간단하게 답해봅시다.

1. 내가 생각하는 기쁨이란 무엇입니까?

2. 기쁨의 반대말은 무엇이라고 생각합니까? 그 이유는 무엇입니까?

3. 내가 가장 기쁠 때는 언제입니까? 그 이유는 무엇입니까?

4. 내가 가장 슬플 때는 언제입니까? 그 이유는 무엇입니까?

내가 얼마나 소중한지 알고 즐거워하는 것
Being joyful by knowing how precious I am.
(좋은나무성품학교 정의)

어려운 상황이나 형편 속에서도 불평하지 않고 즐거운 마음을 유지하는 태도
Always having a happy heart without complaints.
(좋은나무성품학교 정의)

Joyfulness

기쁨은 마음과 얼굴을 젊게 한다.
소탈한 웃음은 주위 사람들과 좋은 친구관계를 맺게 한다.
ㅡ O.마덴 ㅡ

전도유망한 하버드 2학년 학생 268명의 일생을 72년에 걸쳐 추적한 연구결과가 2009년 시사월간지 '애틀랜틱 먼슬리' 6월호에 발표되었다.

하버드대학교 생리학·약학·인류학·심리학 분야의 최고 두뇌들이 연구진으로 동원되고, 하버드 의대의 베일런트 교수가 주도한 이 연구는 '잘 사는 삶의 일정한 공식'을 찾기 위한 노력의 일환으로 이루어졌다. 연구대상으로 선정된 268명은 하버드 수재 중에서도 가장 똑똑하고 야심찬 최고 엘리트 그룹이었다. 이들 중에는 연방상원의원과 유명한 소설가도 있었으며 대통령이된 존 F 케네디(Kennedy), 워싱턴포스트 편집인으로서 닉슨의 워터게이트사건 보도를 총괄 지휘했던 벤 브래들리(Bradlee·현재 부사장)도 포함되어 있었다. 그러나 화려한 출발과는 달리 연구가 시작된 지 10년이 지난 1948년부터 20명은 심각한 정신질환을 호소했고, 50세가 될 무렵엔 약 3분의 1이 정신질환의 이력을 갖게 되었다. '하버드 엘리트라는 껍데기 아래에는 고통 받는 심장이 있었다'고 이 잡지는 묘사했다.

이 연구를 통해 47세 무렵까지 형성되어 있는 인간관계가 이후 생애를 결정하는 데 가장 중요한 변수임이 밝혀졌다. 행복한 성공을 이루는데 필요한 7가지 요소는 고통에 적응하는 성숙한 자세, 교육, 안정적인 결혼, 금연, 금주, 운동, 적당한 체중이라는 결론을 내렸는데, 이 7가지 중 50세에 5~6개를 갖춘 집단은 80세에도 행복하고 건강한 삶을 살고 있었다. 성공적인 행복을 이끄는 열쇠는 지성이나 계급이 아니라 사회적 적성, 즉 인간관계를 결정 짓는 성품이었던 것이다.

1. 내가 생각했던 잘 사는 삶의 공식은 무엇이었나요?

2. 하버드대학교 의과대학팀이 정리한 잘 사는 삶의 공식은 무엇입니까?

3. 결국 성공은 성적일까요? 성품일까요?

4. 나는 어떤 것이 중유하다고 생각합니까?

　1921년 미국 스탠퍼드대학의 젊은 심리학자 루이스 터먼은 아주 흥미로운 실험을 했다. 캘리포니아의 초등학교, 중학교 학생 25만명 중에서 IQ135가 넘는 천재 1,521명을 선별하여 그들의 평생을 추적하는 실험이었다.

　터먼은 실험에 앞서 이 아이들이 각계의 최고 엘리트가 되어 성공적인 인생과 영웅적인 지위를 누릴 것이라는 가설을 세웠다. 그는 평생 그들의 성장을 지켜보면서 학업, 결혼, 직장생활 등을 낱낱이 기록했고, 1990년대 후반까지 일생을 꿰뚫는 '종적(Longitudinal)연구'의 형태로 진행되었다.

　연구결과 이 천재들의 성장은 터먼의 가설과는 전혀 다른 방향으로 결론이 발표되었다. 선별된 천재의 대부분은 최고 엘리트가 되기는커녕 매우 평범한 직업인으로 자랐고, 판사와 주 의회 의원 몇 명이 나왔을 뿐 전국적인 명성을 얻은 사람은 거의 없었다. 결국 터먼은 "성공의 조건은 지능이 아니라 성격과 인격, 기회 포착능력이 좌우한다"는 결론을 내렸다. 즉 외부의 환경적 요인이 아닌 스스로 그 환경을 어떻게 해석하고, 어떻게 느끼며, 어떻게 반응하고 행동할 것인지를 매순간 결정하는 '태도'에 달렸다는 것이다. 결국 터먼 연구팀이 내린 성공의 조건은 바로 '좋은 성품'이었다.

Think Tank

1. 루이스 터먼의 연구 결과는 무엇입니까?

2. 이 연구의 결과를 보고 나는 어떤 생각을 하게 되었습니까?

# Real Action

◎ 부모님과 함께 Story Telling 을 읽고 이야기해 보세요.

1. 부모님이 생각하는 성공의 조건은 무엇입니까?

2. 내가 생각하는 성공의 조건은 무엇입니까?

3. 가정에서 나눈 이야기를 친구들과 이야기해 보세요.

1. 성품이란

1) 내가 생각하는 성품이란?

2) 성품이란

한 사람의 (　　　　　　　　), (　　　　　　　　), (　　　　　　　　)의 총체적 표현

(이영숙. 2005)

성품이 뭐예요

성품이란 한 사람이 가지고 있는 생각과 감정, 행동의 모든 것이 총체적으로 합쳐져 밖으로 표현되는 것이라 말할 수 있습니다. 단순히 한 사람이 가진 여러 개 중 하나가 아니라 하나하나가 모여서 이루어진 거대한 집합체입니다.

따라서, 각 개인의 사고–생각 영역(Thinking), 마음 – 감정의 영역(Feeling), 태도 – 행동영역(Acting)에서 더 좋은 가치를 선택할 수 있도록 모델링하여 보여주고, 연습할 수 있도록 훈련하여 습관이 되면, 자연스럽게 좋은 성품을 가진 사람으로 성장합니다. 좋은 성품은 대인 관계와 개인적 성취의 모든 면에서 탁월한 사람이 되게 합니다.

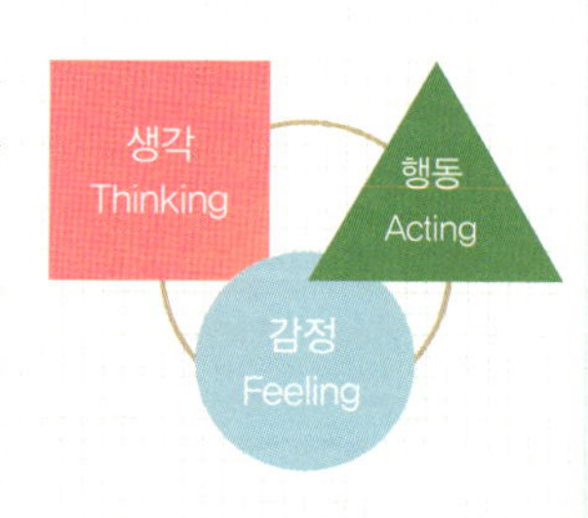

2. 성품의 중요성

1) 내가 생각하는 성품이 중요한 이유?

2) 성품의 중요성

- 성품은 ㄴ에 보인다.
- 성품은 ㄱㄱ를 맺는다.
- 성품은 ㅇㅅ을 결정한다.
- 성품은 나를 ㅂㅎ 시킨다.

Lesson 2

기쁨이란 무엇일까요?

고통이 남기고 간 뒤를 보라.
고난이 지나면 반드시 기쁨이 스며든다.
– 요한 볼프강 폰 괴테 –

기쁨의 성품 여행을 시작하는 청소년들에게

새롭게 무엇인가를 시작하는 것에는 언제나 기쁨이 있습니다. 기쁨이란 '어려운 상황이나 형편 속에서도 불평하지 않고 즐거운 마음을 유지하는 태도'입니다. 이것이 바로 기쁨의 정의입니다. 기쁨의 성품을 얻기 위해서는 좋을 때뿐만이 아니라 어려운 상황에서 특히 아주 힘든 상황에서도 불평하지 않아야 합니다. 환경이 좋은 상황에서는 누구나 기뻐할 수 있습니다. 그러나 어렵고 힘든 상황에서도 즐거운 마음을 유지하는 것은 매우 힘든 일입니다. 성품 좋은 지도자만이 해낼 수 있는 일입니다.

기쁨을 소유한 사람을 우리는 지도자라고 부르며 따르게 됩니다. 이런 기쁨의 지도자가 되기 위해서는 먼저 내가 얼마나 귀한지 아는 것이 중요합니다. 누가 뭐라고 해도 내 안에 있는 기쁨이 내가 얼마나 소중한지 인정해 주는 것입니다. 점수가 좀 모자라고, 외모가 생각만큼 따라주지 않는다고 주눅 들지 맙시다. 내가 나 자신을 소중하게 생각하고 기뻐한다면 다른 사람들도 나를 무시하지 못하는 법입니다. 이것이 바로 자존감입니다.

자존감은 처음에는 내 주변사람들에 의해서 만들어집니다. 그들이 나에게 해준 말이나 태도들로 형성되는 것입니다. 그런데 그 정보들이 모두 진짜 이야기는 아닙니다. 때로는 나를 향한 가짜 이야기들이 나를 괴롭히고 기쁨을 빼앗아가는 경우가 있습니다. 누가 뭐라고 해도 소중하고 귀중한 존재라는 진짜 이야기로 나를 무장하면서 내 인생의 운전대를 잡고 운전해 나가야 합니다.

이렇게 해보세요. 내 기쁨을 빼앗아가는 어려운 상황이 생기면 잠시 멈추어 큰 숨을 고르게 한 번 내쉬어보세요. 이 세상을 향한 여유로운 숨을 내뿜으면서 "나는 소중해! 나는 이 세상에 하나밖에 없는 엄청난 존재야."라고 자신에게 말해 주세요. 주위 사람들의 기대에 나를 맞추려고 노력하지 말고, 소중한 나를 위해 스스로 새로운 노력을 시도해 보세요. 그리고 소중한 내 몸을 위해 건강하게 가꾸는 노력이 필요합니다. 몸이 아프다고 병들면 모든 기쁨이 사라집니다. 기쁨의 성품을 소유하기 위해서는 건강한 내 몸을 만들기 위해 좋은 음식을 골라 먹고, 매일 운동을 하여 내 몸을 가꾸는 지혜가 필요합니다. 또 나를 위해 배우는 것을 즐거워해야 합니다. 새로운 것을 배우는 기쁨은 유일하게 만물의 영장인 인간에게만 허락된 축복입니다. 또 한 가지 내 마음을 잘 표현하고 조절해야합니다. 청소년기는 질풍노도의 시기라고도 하지요? 나도 모르게 공연히 화가 나고 짜증날 때가 많이 있습니다. 그때 좋은 성품의 지도자가 되기 위해서는 내 마음을 잘 다스려보는 연습을 해야 합니다. 기쁨은 전이되는 법입니다. 내 마음을 잘 다스리면서 내 옆의 사람들에게 소중하다고 말해주는 습관을 만들어 보세요. 화를 내는 내 옆의 친구에게 기쁨을 전달해 주는 기쁨의 친구가 되어간다면 여러분은 누가 뭐라고 해도 다음 세대의 지도자로 성장할 것입니다.

또한 기쁨의 나를 만들기 위해서는 내가 속한 곳의 규칙과 질서를 잘 지켜야합니다. 그리고 다른 사람을 비난하거나 흉보지 않아야합니다. 내가 속한 곳의 질서를 무시하고 내 옆의 사람들을 비난할 때 나의 기쁨이 깨져버리는 경우를 많이 경험해 봤을 것입니다. 마지막으로 내게 있는 것을 감사하고 나의 재능을 찾아 계발하는 노력을 해야 합니다. 내게 없는 것들만 불평하고 있으면 내 마음은 검은 구름으로 가득 차있는 것 같이 어두운 법입니다. 내가 가지고 있는 것들을 감사하면서 내게 숨겨진 나의 재능을 찾아 계발하는 적극적인 마음을 갖게 될 때 기쁨이 충만해 집니다. 기쁨의 성품을 소유한 사람은 자신감으로 가득 차게 됩니다. 자신감을 갖고 세상을 바라보는 기쁨의 지도자가 되어 많은 사람들을 옳은 길로 인도하여 자신의 꿈을 이루어 가는 성품의 지도자가 되어 보세요.

새 학년, 새 출발을 기쁨으로 시작하는 이 땅의 모든 청소년 여러분을 사랑하고 축복합니다.

성품의 향기를 사랑하는 이영숙 박사로부터...

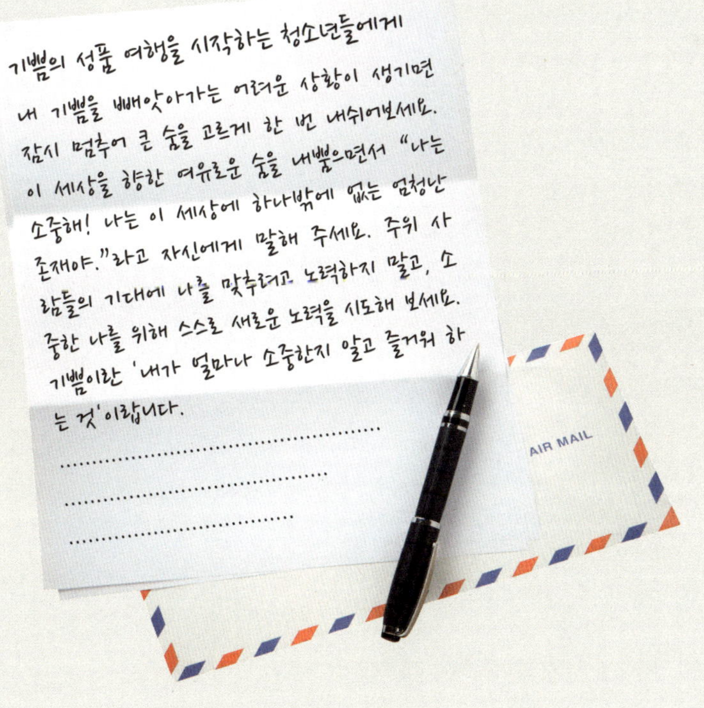

1. 기쁨은 무엇을 하는 것에서부터 시작됩니까?

2. 이 세상의 가장 큰 기쁨은 바로 나입니다. 나에 대해 적어 보세요.

나의 이름은 ____

나의 이름의 뜻은 ____

나의 키는 ____

나의 몸무게는 ____

나의 혈액형은 ____

나의 장점은 ____

나의 단점은 ____

내가 좋아하는 사람은 ____

내가 좋아하는 음식은 ____

내가 좋아하는 노래는 ____

다섯 글자로 나를 표현한다면 ____

Real Action

1. 기쁨의 정의를 외워 봅시다.

   – 내가 얼마나 소중한지 알고 즐거워 하는 것

   – 어려운 상황이나 형편 속에서도 불평하지 않고 즐거운 마음을 유지하는 태도

2. 모두 외웠는지 옆의 친구와 서로 확인해 보세요.

기쁨의 태도는 어떻게 키울 수 있나요?

- 내가 얼마나 소중한 사람인지 매일 자신에게 말해 주어야 합니다.
  주위 사람의 기대에 자신을 맞추려 하지 말고, 스스로가 얼마나 소중한 사람인지 깨달아야 합니다.

- 건강한 내 몸을 위해 좋은 음식을 선택하고, 매일 한 가지씩 운동을 합니다.
  건강한 내 몸을 잘 지키고 가꾸는 지혜가 필요합니다.

- 규칙적인 생활을 하고, 나를 위해 배우는 것을 즐거워해야 합니다.

- 내 마음을 잘 표현하고 조절해야 합니다.

- 만나는 모든 사람들에게 소중하다고 말해줍니다.
  기쁨은 전이되는 것이기 때문에 상대방이 얼마나 소중한지 웃으면서 말해주면 사랑이 퍼져 나갑니다.

- 다른 사람을 비난하거나 흉보지 않습니다.
  이것은 바로 나를 위해서입니다. 다른 사람을 비난하고 흉볼 때 사실 가장 힘든 것은 내 마음이기 때문입니다.

- 내가 속한 곳의 규칙과 질서를 잘 지킵니다.

- 내게 있는 것을 감사하고 기뻐해야 합니다.
  내게 없는 것을 불평하기보다는, 내가 무엇을 가지고 있든 그것을 받아들이고 감사하면서 기뻐해야 합니다.

- 내 장점을 찾아서 계발해야 합니다.
  다른 사람의 재능을 부러워하지 말고 내가 잘하는 것이 무엇인지 알고 그 속에서 기쁨을 성취해야 합니다. 그렇게 하면 자신의 약점도 극복할 수 있습니다.

- 현재 나의 소원을 포기하지 않고 도전하는 것이 중요합니다.

Joyfulness

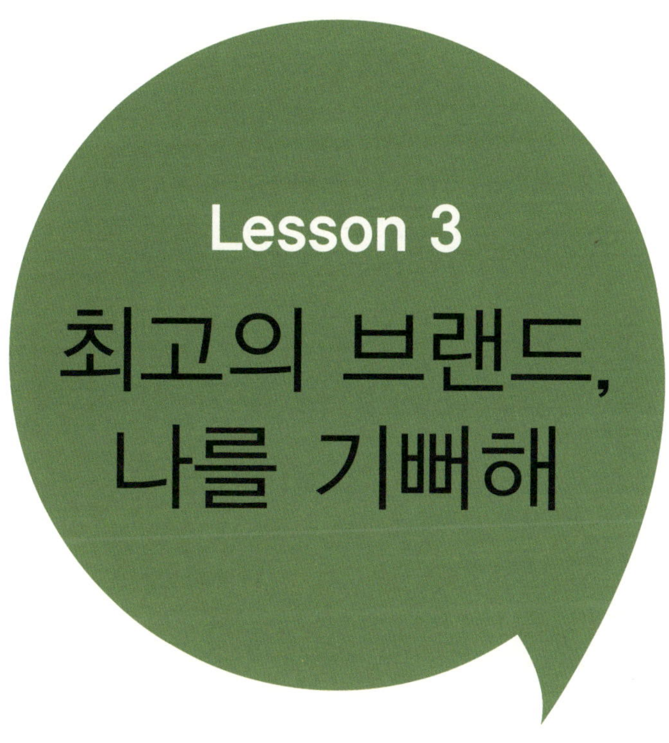

그대의 마음을 웃음과 기쁨으로 감싸라.
천가지 해로움을 막아주고 생명을 연장시켜 줄 것이다.
– 윌리엄 셰익스피어 –

남태평양 키니와타 섬의 결혼 풍습에 대한 이야기입니다. 그 섬의 결혼 풍습 중 하나는 결혼할 때 남자가 처가에 암소를 주고 신부를 데려오는 것인데, 보통 남자들은 암소 1마리에 신부를 데리고 오고, 예쁘고 매력적인 여자들은 암소 3~4마리를 주고 신부를 데리고 왔습니다. 시집 온 여자들은 남편이 친정에 몇 마리를 주고 자신을 데려왔는지에 따라 자신감을 갖고 살기도 하고 주눅이 들어 살기도 했습니다.

자니 링고라는 신랑은 처가에 암소를 8마리나 주고 신부를 데려왔습니다. 이웃 사람들은 암소 1마리 주고 데려와도 아까울 여자를 그렇게나 많이 주었다고 비웃었습니다.

얼마 후 이 소문을 들은 선교사가 자니 링고의 집을 방문했습니다. 그런데 선교사는 깜짝 놀라지 않을 수 없었습니다. 소문과는 달리 자니 링고의 아내가 너무나 아름답고 당당했기 때문입니다. 선교사는 자니 링고에게 말했습니다.

"소문과는 달리 당신의 아내가 굉장히 아름답네요."

그러자 자니 링고는 말했습니다.

"결혼 전에 우물가에서 여자들이 모여 말하는 것을 들었습니다. 다들 암소 몇 마리에 시집 왔는지를 자랑하며 말했습니다. 그런데 암소 1마리 받고 시집 온 여자는 고개를 푹 숙이고 힘없이 일어나 자리를 떠나는 모습을 보고 내 아내는 당당하게 만들어 주어야겠다고 생각했습니다. 그래서 암소 8마리를 주고 내 아내를 데려온 것입니다."

자니링고의 신부는 암소 8마리로 인생이 바뀌었습니다. 그리고 자신에 대한 소중함을 아는 여인이 되었습니다. 여러분 한 사람 한 사람도 매우 소중한 존재입니다. 이 세상에 단 하나뿐인 독창적이며 귀한 존재입니다. 여러분이 무슨 일을 해서가 아니라 존재 자체로 존귀하고, 시간과 우연에 의해 내던져진 존재가 아니라 커다란 목적과 계획에 의해 사랑을 통하여 이 땅에 존재하게 되었습니다.

여러분은 어떤 값으로도 매길 수 없는 가치있는 사람입니다. 좋은 성품으로 당당하게 살아 가세요. 나 자신을 세상에서 가장 값지다고 생각하는 긍정적인 자아인식으로 자신을 최고의 브랜드로 만들어 보세요.

이영숙 박사의 『행복을 만드는 성품(2010)』 중에서

Think Tank

1. 자니 링고가 암소 8마리를 신부집에 주었을 때 신부는 어떤 마음이 들었을까요?

2. 세상에서 가장 값진 사람은 누구입니까? 그 이유는 무엇입니까?

Real Action

1. 자존감 박수

나를 사랑하는 긍정적인 자아인식은 자존감을 높여줍니다. 나는 내가 맘에 든다고 힘차게 박수를 치며 외쳐 보세요.

자존감 박수 「나는 내가 맘에 들어」

나(짝) 는(짝) 내(짝) 가(짝) 맘(짝) 에(짝) 들(짝) 어(짝)

나는(짝짝) 내가(짝짝) 맘에(짝짝) 들어(짝짝)

나는내가(짝짝짝짝) 맘에들어(짝짝짝짝)

나는내가맘에들어(짝짝짝짝짝짝짝짝)

2. 내가 마음에 드는 20가지 이유

내가 얼마나 소중한지 생각해보며 나에게 있는 것 중에서 마음에 드는 점, 자랑스러운 점 등을 20가지 적어 보세요. 그리고 옆 사람과 서로 이야기해 보세요.

예) 나는 내 목소리가 맘에 든다. / 나는 밝은 성격이 맘에 든다.

Self-esteem 20 list

1		11	
2		12	
3		13	
4		14	
5		15	
6		16	
7		17	
8		18	
9		19	
10		20	

자존감과 자존심

자존심은 차곡차곡 받은 상처를,
자존감은 차곡차곡 받은 애정을 기초로 한다.

자존심은 스스로를 지키려는 마음을 통해,
자존감은 누군가 불어넣어 준 것을 통해 형성된다.

자존심은 자신을 할퀴려는 사람에게
사나운 발톱을 드러내고

자존감은 맹렬히 맞서는 대신
집에 돌아와 일기를 쓰며 자신을 위로한다.

자존심은 좋은 조건을 채우기 위해
이기심이라는 커다란 호주머니를 달고,

자존감은 따뜻함을 전하기 위해
자기애라는 목도리를 두른다.

자존심(self-respect)은 남에게 굽히지 않고 스스로 자신의 품위를 지키는 마음입니다. 약점보다는 강점에 대한 자부심에 치중하기 때문에, 약점이 드러나면 금방 상처를 입고 맙니다. 반면 자존감(selfesteem)은 자신의 가치를 존귀하게 여기는 감정입니다. 자존감은 더 좋은 생각, 감정, 행동을 선택하게 하는 원동력이 됩니다.

오늘날 많은 학생들이 자신의 약점을 '자존심'이라는 방패로 가린 채 자존감 없는 것을 숨기려 합니다. 자신의 존귀함을 전혀 모르고 살아가는 것도 문제지만, 가치보다 조건을 앞세워 남과 나를 비교하며 자존심을 내세우는 것도 심각한 문제지요.

자존감을 회복하는 방법은 바로 '내가 얼마나 소중한지 알고 즐거워하는 기쁨의 태도'에 있습니다. 어려운 상황이나 형편 속에서도 불평하지 않고 즐거운 마음을 유지하는 기쁨의 성품을 통해, 우리는 자존감을 회복하고 귀한 존재로써의 에너지 넘치는 삶을 살 수 있답니다.

행복은 그대가 생각하고 말하고 행동하는 것이
서로 조화를 이룰 때 찾아온다.
– 마하트마 간디 –

"역시 코리안 특급 선수네요! 152km 강속구, 탁월한 제구력! 완벽합니다!"

파란 유니폼을 입은 투수가 공을 던질 때마다 아나운서는 끊임없이 탄성을 자아냅니다. 넓은 야구장도 계속해서 삼진을 잡아낸 한국의 투수를 환호하는 소리로 가득합니다. 바로 미국 메이저리그에 당당히 진출하여 야구사에 새로운 역사를 쓴 한국 최고의 투수 박찬호입니다.

전파상에 딸린 작은 다락방에서 유년 시절을 보낸 박찬호는, 초등학교 4학년 때 야구부에 입단하면서 선수생활을 시작했습니다. 처음에는 멋진 유니폼과 간식을 마음껏 먹을 수 있는 야구부 활동이 마냥 즐거웠습니다. 그러나 공을 던지면 던질수록 야구가 자신의 길이라는 것을 깨닫고, 야구활동 속에서 꿈과 기쁨을 발견하게 되었습니다.

박찬호의 선수생활이 처음부터 순탄했던 것은 아닙니다. 부모님은 공부도 곧잘 하던 박찬호가 운동을 하는 것을 원하지 않았습니다. 그래서 야구부 활동을 완강히 반대하며 박찬호의 굳은 의지를 꺾으려 했습니다. 그러나 비장한 결심으로 장차 훌륭한 야구선수가 될 것을 약속하는 아들의 모습에, 부모님은 결국 박찬호의 뜻을 따르기로 했습니다.

박찬호는 끊임없는 연습과 훈련을 통해, 선수로서의 장점과 단점을 계속적으로 발견해나갔습니다. 공은 빠르지만 담력이 부족한 점을 보완하기 위해 공동묘지에서 훈련을 하는가 하면, 매일 언덕을 오리걸음으로 다니면서 체력훈련을 쉬지 않는 등 자신과의 훈련 약속을 철저히 지켰습니다. 부상과 부진으로 마이너리그에 추락한 때에도 박찬호는 좌절하지 않고 재기를 꿈꾸며 남다른 노력과 의지를 불태웠습니다.

그리고 마침내 모든 메이저리그 감독들이 주목하는 세계적인 투수가 되어, 부모님과 약속을 지킨 지금의 박찬호 선수로 도약하게 되었습니다.

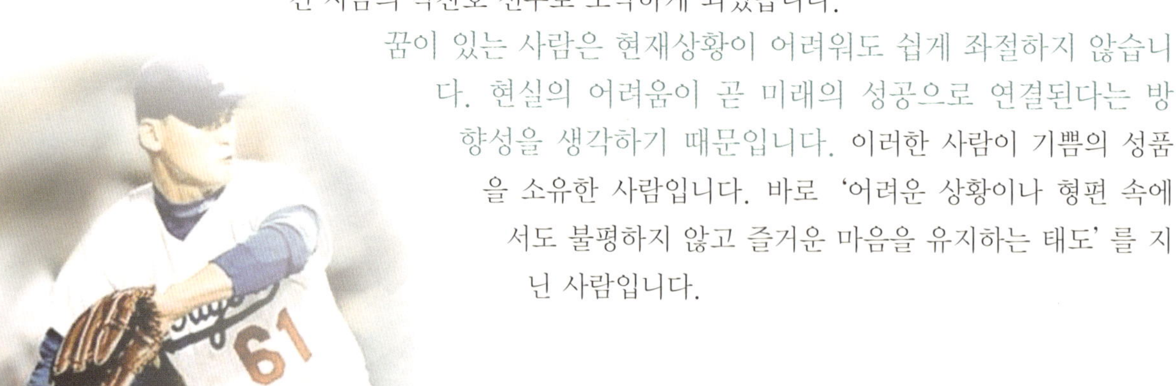

꿈이 있는 사람은 현재상황이 어려워도 쉽게 좌절하지 않습니다. 현실의 어려움이 곧 미래의 성공으로 연결된다는 방향성을 생각하기 때문입니다. 이러한 사람이 기쁨의 성품을 소유한 사람입니다. 바로 '어려운 상황이나 형편 속에서도 불평하지 않고 즐거운 마음을 유지하는 태도'를 지닌 사람입니다.

Think Tank

1. 박찬호 선수가 발견한 자신만의 특별한 장점은 무엇이었습니까?

2. 박찬호 선수가 발견한 자신의 단점은 무엇이었고, 그것을 극복하기 위해서 어떤 노력을 하였습니까?

Real Action

내가 어떤 사람인지 알아가는 것은 재미있고 의미있는 여행입니다. 나의 기질, 약점, 강점을 알아가면서 약점은 보완하고 강점은 더욱 계발시켜 성품이 아름다운 멋진 사람들로 자라가길 바랍니다.

1. 다음 장에 '기질체크표' 질문의 내용이 본인에게 어떻게 해당하는지 답해 보세요.
   〈그렇다〉는 2점, 〈보통이다〉는 1점, 〈아니다〉는 0점을 점수란에 쓰면 됩니다.

2. 기질체크표에 해당되는 각 번호의 점수를 더하여 초록칸에 적으세요. 그 다음 기질에 따르는 합계를 하단에 각각 기록 하세요. 가장 점수가 많이 나오는 해당 항목이 당신의 기질입니다.

[기질체크표]

(그렇다:2점, 보통이다:1점, 아니다:0점)

번호	점수	질문내용
1		의지가 약하다.
2		남들에게 친절하다.
3		낙천적이다.
4		친구가 많고 사람들에 둘러싸여 대화하는 것을 좋아한다.
5		결정한 것을 행동으로 옮긴다.
6		의지가 강하다.
7		책임감이 강하다.
8		해야 할 일이 생기면 쉬는 시간에도 몰두하는 경향이 있다.
9		남에게 비난을 받으면 표현하지 않지만 마음에 깊은 상처를 받는다.
10		날카로운 분석력을 갖고 있다.
11		생각에 질서가 있고 논리적이다.
12		생활의 변화를 싫어한다.
13		태평한 인상을 남들에게 준다.
14		복잡한 것보다 단순한 것을 좋아한다.
15		남의 이야기를 주로 듣는 편이다.
16		행동을 느리게 한다.
17		낯선 어른과 아이들과도 쉽게 친해진다.
18		남에게 나의 입장을 잘 이해시킨다.
19		대화거리가 많다.
20		즐거움을 추구한다.
21		고정관념에 얽매이지 않는다.
22		통이 크고 대담하다.
23		역경에 처해도 잘 극복한다.
24		남의 아픔이나 슬픔에 공감하지 못한다.
25		물건을 고치고 수리하는데 재주가 있다.
26		때로 흥분이 되며 누구보다도 열정적이고 활발한 사람이 된다.
27		내 방은 정돈이 잘 되어 있다.

(출처: 이영숙 저(2008), 성품 좋은 아이로 키우는 자녀훈계법, 두란노)

번호	점수	질문내용
28		예리한 비판을 한다.
29		말이 없고 조용하다.
30		매사에 의욕이 없다.
31		친구는 적지만 깊게 사귀는 몇 명이 있다.
32		화를 잘 내지 않는다.
33		약속을 자주 어긴다.
34		남이 나에게 기분 나쁘게 한 일들을 쉽게 잊어버린다.
35		화를 잘 내기도 하지만 쉽게 풀린다.
36		비밀 유지를 잘 못한다.
37		예술을 감상하는 생활과는 거리가 멀다.
38		한 가지 일을 시작하면 일의 성취 여부만 생각하기 때문에 참여하는 사람들의 감정을 상하게 할 때가 있다.
39		할 일이 있으면 즉시 그 자리에서 해결해야만 직성이 풀린다.
40		게으르거나 무책임한 사람들을 보면 화가 난다.
41		싸우면 화해를 잘 하지 못한다.
42		남들이 소근소근 이야기하면 나에 대해 언짢은 이야기를 한다고 생각한다.
43		일을 진행할 때에 낙관적인 견해보다는 비관적인 견해를 말한다.
44		나의 실수를 잘 용서하지 못한다.
45		원칙에 맞지 않아도 "아니오" 라고 말을 못한다.
46		위험한 상황이 벌어지면 모른척 한다.
47		게으르고 태만할 때가 많다.
48		남을 부드럽게 감싸주고 위로한다.
49		즉흥적으로 여러가지 계획을 세운다.
50		남들 앞에서 잘 떠든다.
51		한가지 일을 끝까지 하기가 힘들다.
52		남들이 볼 때는 신이 나서 하지만 안보면 기운이 빠진다.
53		독립심과 자부심이 강하다.
54		세심하게 분석하는 것을 싫어한다.
55		타인과의 다툼에서 폭력으로 해결하고 싶을 때가 자주 있다.
56		모임 만들기를 좋아한다.
57		남들 눈치 때문에 하고 싶은 일을 주저한다.
58		좋았던 과거를 자주 회상한다.

(출처: 이영숙 저(2008), 성품 좋은 아이로 키우는 자녀훈계법, 두란노)

번호	점수	질문내용
59		규칙과 절도가 없는 것을 싫어한다.
60		혼자서 묵묵히 주어진 일을 완수한다.
61		남이 어떤 일에 같이 참여할 것을 제안하면 선뜻 나서지 않고 주로 사양한다.
62		남들이 하는 일에 무관심하다.
63		나에게 손해가 되어도 참는 편이다.
64		남들이 강하게 나오면 거절을 못한다.

[기질채점표]

번호 \ 기질	다혈질	담즙질	우울질	점액질
1, 2, 3, 4				
5, 6, 7, 8				
9, 10 ,11, 12				
13, 14, 15, 16				
17, 18, 19, 20				
21, 22, 23, 24				
25, 26, 27, 28				
29, 30, 31, 32				
33, 34, 35, 36				
37, 38, 39, 40				
41, 42, 43, 44				
45, 46, 47, 48				
49, 50, 51, 52				
53, 54, 55, 56				
57, 58, 59, 60				
61, 62, 63, 64				
소계				

(출처: 이영숙 저(2008), 성품 좋은 아이로 키우는 자녀훈계법, 두란노)

다 혈 질

| 특 징 | · 외향적인 성격으로 활발하며 사람을 좋아한다.
· 낙천적이며 열성적이다.
· 활기차고 헌신적이다.
· 다른 사람들의 사랑과 관심을 끄는 스타일이다.
· 거칠게 행동하고 쉽게 흥분한다.
· 감정을 감추지 못해 화를 잘 내지만 한번 사람을 좋아하면 끝까지 좋아한다.
· 주변 정서에 쉽게 동화되어 같이 슬퍼하고 같이 울분을 터뜨린다.
· 혼자 있기보다도 여러 사람과 함께 있기를 좋아하고 말하는 것을 즐긴다. | |

	장 점	단 점
	· 명랑하고 활발하다. · 불쾌감이나 권태로움을 쉽게 극복한다. · 즐거움과 기쁨을 잘 느낀다. · 사교적이며 친밀하다. · 솔직하고 순수하다. · 모험심이 강하다. · 동정, 연민의 정이 많다.	· 경솔하게 판단하는 경향이 있다. · 자기 위주의 사고와 행동을 한다. · 의지가 약하다. · 뒷처리가 미숙하여 정리 정돈이 안 된다. · 집중력이 약하다. · 감정과 생활의 기복이 심하다. · 약속과 책임을 쉽게 잊어버린다. · 유혹에 약하다.

| 결 과 | · 명랑하고 활발하여 다른 사람들의 사랑과 관심을 많이 받는다.
· 사람들을 좋아하고 감정을 공감할 줄 안다.
· 모험심이 강하고 열정적이다.
· 정이 많아 사람들을 잘 도와준다. | · 꼭 사고 싶은 것이 있으면 꼭 사야 한다.
· 쉽게 화를 내거나 푼다.
· 정이 많아서 늘 분주하다.
· 기분이 쉽게 변하며 침착하지 못하다.
· 자기가 주변에서 관심을 받지 못하면 견디지 못한다.
· 일을 뒤로 미루는 경향이 있다.
· 침착하지 못하고 쉽게 대답하고 쉽게 잊어버린다.
· 우울한 것을 싫어한다. |

(출처: 이영숙 저(2008), 성품 좋은 아이로 키우는 자녀훈계법, 두란노)

<table>
<tr><th colspan="2" style="background:#c8813f;color:#fff;text-align:center">담 즙 질</th></tr>
<tr>
<td>특 징</td>
<td>

· 외향성의 기질을 가지고 있으며 실제적인 일과 활동을 즐긴다.
· 자기 의지가 강하고 적극적이다.
· 현실적이고 분석적이다.
· 공상적이거나 환상적인 걸 싫어하고 타산적, 현실적으로 생각한다.
· 주변 분위기에 쉽게 동화되지 않는다.
· 화를 잘 내고 고집이 세다.
· 야망과 목적을 달성하기 위해 적극적이고 끈질기게 도전하는 끈기를 보인다.

</td>
</tr>
</table>

장 점	단 점
· 자신감과 의지가 강하다. · 자립심과 결단력이 강하다. · 추진력과 집착력이 강하다 · 즉각적인 분석력이 있다. · 단체 활동에 적극적이며 실질적인 해결 능력이 있다. · 리더로서의 기질이 있다.	· 굉장히 냉정하고 무뚝뚝하다. · 자기만족과 도취가 강하다. · 동정심이 적다. · 화를 잘 내고 성급하다. · 분을 오래 간직하며 피해를 입힌 사람에게 보복을 한다. · 자기중심적이며 거만하다. · 포용력이 부족하다. · 계산적, 세속적이다. · 이기적이며 냉정하다. · 남을 무시하는 경향이 있다. · 남을 잘 믿지 않는다.

<table>
<tr>
<td>결 과</td>
<td>

· 체계적인 일이나 분석적인 일을 잘 할 수 있다.
· 의지가 강하여 목표를 이룰 때까지 끝까지 노력한다.
· 문제해결 능력이 뛰어나다.
· 리더로서의 기질이 있다.

</td>
<td>

· 불리한 일에는 과격하게 대응한다.
· 이기적인 판단을 잘한다.
· 남을 무시하는 경향이 있다.
· 목적을 위해 수단과 방법을 가리지 않는다.
· 자기 공헌이나 업적을 내세우길 좋아한다.

</td>
</tr>
</table>

(출처: 이영숙 저(2008), 성품 좋은 아이로 키우는 자녀훈계법, 두란노)

<table>
<tr><th colspan="3">우 울 질</th></tr>
<tr>
<td rowspan="2">특 징</td>
<td>· 내성적인 기질로 다혈질과 반대된다.
· 진지함과 순수함이 있다.
· 내면세계에 대한 관심과 활동에 치중한다.
· 깊고 신중하게 생각한다.
· 활동력이 약하다.
· 자기를 희생함으로써 만족감을 얻는다.
· 조용하고 성실하게 일을 한다.
· 모든 상황을 미리 예상하고 대비하기도 한다.
· 예술 세계에 대한 관심이 높다.</td>
<td>· 침울하고 답답한 듯이 보이지만 풍부한 감수성과 예민함의 소유자이다.
· 내면세계에 대한 관심이 많으며 조용하고 성실하다.
· 여럿이 함께 하는 일보다 혼자서 하는 일을 즐긴다.
· 급작스러운 변화를 보이기도 하고 부정적이고 나태한 면을 보이기도 한다.</td>
</tr>
<tr>
<td>장 점</td>
<td>단 점</td>
</tr>
<tr>
<td></td>
<td>· 침울하고 답답한 듯이 보이지만 풍부한 감수성과 예민함의 소유자이다.
· 내면세계에 대한 관심이 많으며 조용하고 성실하다.
· 진지함과 순수함이 있다.
· 내면세계에 대한 관심과 활동에 치중한다.
· 깊고 신중하게 생각한다.
· 자기를 희생함으로써 만족감을 얻는다.
· 조용하고 성실하게 일을 한다.
· 모든 상황을 미리 예상하고 대비하기도 한다.
· 예술 세계에 대한 관심이 높다.</td>
<td>· 침울하고 답답하다
· 실천력이 약하다.
· 비판적이며 정서가 불안정하다.
· 피해의식에 쉽게 사로잡힌다.
· 결단력이 약하다.
· 공상과 편견이 심하다.
· 의심이 많다.</td>
</tr>
<tr>
<td>결 과</td>
<td>· 예술을 사랑한다.
· 희생적인 작업을 선호한다.
· 성격이 완벽하다.
· 무엇이든 신중하게 결정한다.</td>
<td>· 의견을 발표하기를 망설이지만 발표할 때는 완벽하게 한다.
· 겁이 많기 때문에 사무 처리를 잘하지 못한다.
· 방해자나 다른 의견을 가진 사람을 피한다.
· 뒤에서 원망하는 스타일이 되기 쉽다.</td>
</tr>
</table>

(출처: 이영숙 저(2008), 성품 좋은 아이로 키우는 자녀훈계법, 두란노)

<table>
<tr><td colspan="2" align="center">점액질</td></tr>
<tr><td rowspan="6">특 징</td><td>· 내향적 기질로 소극적이고 수동적이다.</td></tr>
<tr><td>· 조용하고 낙천적이다.</td></tr>
<tr><td>· 복잡한 고민보다 편안하게 생각하는 스타일이다.</td></tr>
<tr><td>· 감정 기복이 없어 무난하게 살아간다.</td></tr>
<tr><td>· 느리고 태평스러워 보인다.</td></tr>
<tr><td>· 자기에게 당장 주어지는 일이 아니면 방관자적 태도를 취한다.</td></tr>
</table>

장 점	단 점
· 유머와 재치가 있다.	· 게으르고 나태하다.
· 낙천적이어서 마음이 편안하다.	· 목적의식이 약하다.
· 객관적이고 이성적이며 인내심이 강하다.	· 소극적이고 실천력이 약하다.
· 상황에 여유 있게 대처한다.	· 무관심의 도가 지나치다.
· 부드럽고 깔끔하다.	· 이론만 내세우기 쉽다.
· 신용을 잘 지킨다.	· 이기적이고 발전과 변화를 두려워한다.
	· 깊은 정이 없다.
	· 결단력이 없고 우유부단하다.

<table>
<tr><td rowspan="5">결 과</td><td>· 정리 정돈을 잘한다.</td><td>· 주위에 무관심하다.</td></tr>
<tr><td>· 시간과 약속을 잘 지킨다.</td><td>· 일에 대해 평가를 하나 참여하지를 않는다.</td></tr>
<tr><td>· 부드럽고 역경도 오래 참는다.</td><td>· 반대 의견을 가진 사람에게는 냉담히 대한다.</td></tr>
<tr><td>· 감정 기복이 없어 사람들을 편안하게 한다.</td><td>· 끈질긴 노력이 부족하다.</td></tr>
</table>

(출처: 이영숙 저(2008), 성품 좋은 아이로 키우는 자녀훈계법, 두란노)

내가 얼마나 소중한지 알고 즐거워하는 것
Being joyful by knowing how precious I am.
(좋은나무성품학교 정의)

어려운 상황이나 형편 속에서도 불평하지 않고 즐거운 마음을 유지하는 태도
Always having a happy heart without complaints.
(좋은나무성품학교 정의)

Joyfulness

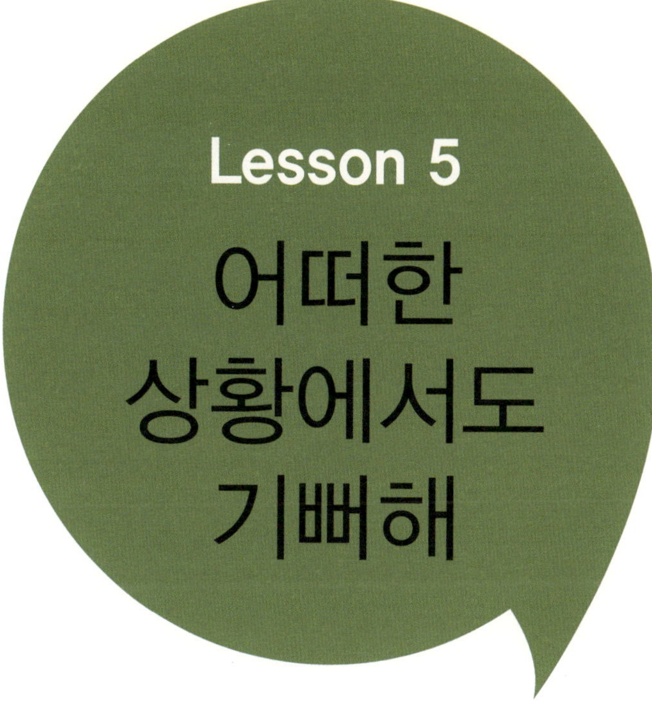

생에 있어서 가장 큰 기쁨은,
그대는 할 수 없다고 세상이 말하는 일을 해내는 것이다.
– 월터 바조트 –

호주에 두 팔과 다리가 없이 태어난 아이가 있었습니다. 아이의 모습을 보고 아버지와 어머니는 큰 충격을 받아 아이를 안아주지도 않고 쳐다보지도 않았습니다.

"저리 치우세요! 보고 싶지도, 만지고 싶지도 않아요!"

그러던 어느 날 아이의 부모님은 잠든 아이의 모습을 보며 생각했습니다.

"여보, 그런데 얘가 참 예뻐."

아이의 모습을 보고 눈시울을 붉힌 부모님은 아이의 이름을 닉 부이치치라 지으며, 최선을 다해 잘 키우는 것이 자신들이 감당할 책임이라는 결론에 이르게 되었습니다. 그리고 아이가 다른 정상적인 아이들보다 기쁘고 행복하게 살아갈 수 있도록 많은 노력을 기울였습니다.

닉 부이치치는 여덟 살이란 어린 나이에 삶을 포기하고 싶을 정도로 세상에 대한 원망과 슬픔으로 가득 차 있었습니다. 하지만 그는 자신을 포기하지 않고 사랑과 보살핌으로 용기를 주는 부모님의 마음을 긍정적으로 받아들여 세상을 향해 도전하기 시작했습니다. 그는 장애가 있음에도 불구하고 낚시와 골프, 수영 그리고 여행까지 소소한 기쁨을 누리며 인생을 적극적으로 펼쳐나갔습니다.

자신의 열악한 신체적인 조건에 대해 불평하기 보다는 그것을 인정하고 할 수 있는 일들을 찾아 끊임없이 노력한 닉부이치치는 자신보다 어려운 상황에 있는 사람들에게 꿈과 희망을 주기 위해 사회복지시설을 설립하고 전문 강사로 활동하고 있습니다. 또한 2012년 그는 아름다운 여인 카나에와 결혼하여 한 아이의 아버지가 되었으며, 자신의 삶을 책으로 엮어 전 세계 사람들에게 희망을 주고 있습니다.

"나는 행복하다고 당당하게 외칠 수 있습니다. 왜냐하면 넘어지고 쓰러져도 일어설 수 있고, 포기하지 않고 실패하지 않도록 항상 노력하니까요. 그리고 난 정말 축복 받은 사람입니다. 지금 나는 그 누구도 상상하지 못했던 인생을 즐기고 있기 때문이지요. 나는 내 삶을 사랑합니다."

닉 부이치치로 인해 고통과 좌절로 힘들어 하는 많은 사람들이 기쁨을 회복하고 용기를 얻고 있습니다. 이처럼 기쁨이란 어려운 상황이나 형편 속에서도 불평하지 않고 즐거운 마음을 유지하는 태도입니다. 누구에게나 고통의 순간이 오기 마련입니다. 하지만 닉 부이치치처럼 받아들이기 힘든 자신의 삶에 대해 부정적인 생각을 버리고 미래에 대한 희망과 기쁨의 태도를 유지한다면 어려움을 도약과 발판으로 삼아 다시 일어설 수 있을 것입니다.

1. 닉 부이치치는 어떤 어려움을 갖고 있었습니까?

2. 닉 부이치치가 자신의 장애에도 불구하고 기뻐할 수 있었던 이유는 무엇일까요?

Real Action

1. "~ 때문에 안돼"라고 생각하는 나의 약점, 어려운 환경을 단어나 문장으로 아래의 칸에 적어봅시다.
   예) 낮은 코, 나는 못 생겼어, 나는 몸이 약해, 우리 집은 돈이 없어
       나는 아직 내가 이루고 싶은 꿈을 찾지 못했어, 우리집은 화목하지 않아

2. 자기 암시에 가장 영향력 있는 것은 '말' 입니다. 긍정의 말을 선택하느냐, 부정의 말을 선택하느냐에 따라서 상황과 환경을 대하는 태도가 달라집니다.
   3P법칙을 알아보고, 위에서 적어보았던 "~ 때문에 안 돼" 중 3가지를 선택하여 나의 긍정문을 만들어 봅시다.

말이 (   ) 가 된다.

3P ⓟ (Personal   ) – 1인칭

   ⓟ (Positive   ) – 긍정적

   ⓟ (Present   ) – 현재형

예) 나는 예쁘다. / 나는 공부를 좋아한다.

[기쁨의 5-2-5 법칙]이란?

 상황과 형편이 어려워 문제가 생길 때, 속상한 마음을 확 쏟아 붓기도 합니다. 그러고 나면 어떤가요? 시원한가요? 시원한 마음이 들지는 모르겠지만 관계나 평화는 깨지고 맙니다. 그렇기 때문에 어려운 상황에서도 성품을 다하여 나 자신을 사랑하는 기쁨의 법칙이 필요합니다. 이것이 곧 감정조절 법칙인 '5-2-5 법칙' 입니다.

 마음 조절이 되지 않고, 짜증나거나 화가 날 때가 있습니다. 너무 흥분해서 마음이 진정되지 않을 때도 있습니다. 그럴 때는 감정조절 법칙인 '5-2-5 법칙' 대로 해 보세요.

내 마음을 조절하면 다른 사람들과 함께 기쁨을 누릴 수 있는 기회가 더욱 많아집니다.

5-2-5 법칙

① 5 : 천천히 숨을 5번 들이마십니다.

② 2 : 숫자 1,2를 마음속으로 세며 숨을 참습니다.

③ 5 : 천천히 숨을 5번 내쉽니다.

 이 방법을 배우면 기쁨의 성품을 훈련할 수 있습니다. 화가 나는 일이 생겼나요? 천천히 숨을 5번 들이마시고, 2번을 참고, 천천히 5번 내쉬세요.

 내 감정을 조절할 줄 아는 사람이 기쁨을 오래 유지할 수 있습니다.

자신의 삶을 사랑하라. 삶이 아무리 가난하다 해도
그렇게만 한다면, 비록 달동네의 형편없이 가난한 집에 있다고 해도
즐겁고 가슴 떨리며 멋진 시간들을 보낼 수 있으리라.
황혼의 빛은 부자의 집 창문뿐만 아니라.
가난한 자들의 집 창문도 밝게 비춘다.

– 피에르 신부 –

1970년 12월 5일 건강한 아이가 태어났다.

부모는 'Jane Lloyd' 라는 이름을 지어 주었다.

엄마는 Jane을 너무나 사랑했다.

해마다 생일 파티를 열어 주었다.

아빠는 Jane을 바라보며 삶의 기쁨을 느꼈다.

Jane은 키가 자라고 친구를 사귀고 학교에 갔다.

밝게 웃는 그녀는 모두에게 사랑스러운 존재였다.

Jane은 아르바이트를 하고

여행을 다니며 생활을 즐겼다.

학교를 졸업하고 남자친구를 만났다.

모델이 된 Jane은 결혼 후 유명한 스타가 되었다.

사람들은 그녀를 동경하고 그녀의 패션을 사랑했다.

도시의 전광판은 그녀의 사진으로 가득했다.

고층빌딩에서 살면서 부와 명예를 누렸다.

Jane은 종종 고독함을 느꼈다.

남편과 다투는 일이 많아지고

기쁨도, 웃음도, 만족과도 멀어져 갔다.

밤에 잠을 이루지 못하고

신경질적으로 전화를 받았다.

일을 마친 후 돌아오는 차 안에서

채울 수 없는 공허감에 빠졌다.

광고 속 웃고 있는 자신이 어색해졌다.

기쁨을 얻기 위해 다른 방법을 찾았다.

우울증 약을 먹고 담배를 피웠다.

술을 먹고 여러 남자들의 유혹을 즐겼다.

하룻밤 유흥비로 거액의 돈을 지불했다.

끊을 수 없는 약물을 복용했다.

그녀는 결국 _________________________________ 되었다.

(마지막 Jane의 모습을 상상하여 적어 보세요.)

1. 이야기 속의 주인공 Jane은 결국 어떻게 되었을까요?

2. 내가 속한 환경 중에서 어떤 것들이 나의 기쁨을 빼앗아가고 있나요? 동그라미에 있는 것들 외에 나의 기쁨을 빼앗아가는 것은 없는지 생각해 보고 빈 동그라미 안에 적어 보세요. 그리고 모든 항목에 대해 10점 만점을 기준으로 점수를 체크해 보세요.

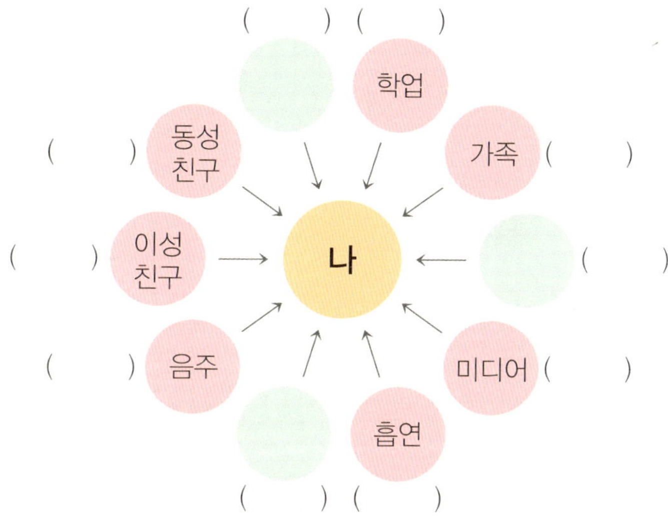

3. 나의 기쁨을 빼앗아가는 가장 높은 점수의 항목은 무엇인가요?

4. 위 항목 중 가장 낮은 점수의 항목은 무엇인가요?

   *점수가 적은 항목들이 앞으로 나에게 부정적인 영향을 주는 것은 아닌지 생각해 보세요.

1. 규칙을 지키는 것도 내가 속한 환경에서 기쁨을 유지하는 힘이 됩니다. 내가 지켜야 할 기쁨의 규칙은 무엇인지 적어 보세요.

   기쁨으로 지켜야 할 규칙____

2. 기쁨의 영어 정의를 외워 보세요.

   기쁨정의①_ Being joyful by knowing how precious I am.
   기쁨정의②_ Always having a happy heart without complaints.

[인터넷 중독 자가진단검사(K-척도)]

각 문항에서 자신의 행동을 나타내는 정도에 "O"표 하세요.

채점방법		채점하기	
	1점 : 전혀 그렇지 않다	종 점 : ① 1~40번 합계	
	2점 : 때때로 그렇다	요인별 합계 : ② 1요인(1~9번) 합계	
	3점 : 자주 그렇다	③ 4요인(19~24번) 합계	
	4점 : 항상 그렇다	④ 7요인(36~40번) 합계	

번 호		항 목	전혀 그렇지 않다	때때로 그렇다	자주 그렇다	항상 그렇다
1	1	인터넷 사용으로 인해서 생활이 불규칙해졌다.	①	②	③	④
	2	인터넷 사용으로 건강이 이전보다 나빠진 것 같다.	①	②	③	④
	3	인터넷 사용으로 학교 성적이 떨어졌다.	①	②	③	④
	4	인터넷을 너무 사용해서 머리가 아프다.	①	②	③	④
	5	인터넷을 하다가 계획한 일들을 제대로 못한 적이 있다.	①	②	③	④
	6	인터넷을 하느라고 피곤해서 수업시간에 잠을 자기도 한다.	①	②	③	④
	7	인터넷을 너무 사용해서 시력 등에 문제가 생겼다.	①	②	③	④
	8	다른 할 일이 많을 때에도 인터넷을 사용하게 된다.	①	②	③	④
	9	인터넷 사용으로 인해 가족들과 마찰이 있다.	①	②	③	④
2	10	인터넷을 하지 않을 때에도 하고 있는 듯한 환상을 느낀 적이 있다.	①	②	③	④
	11	인터넷을 하고 있지 않을 때에도, 인터넷에서 나오는 소리가 들리고 인터넷을 하는 꿈을 꾼다.	①	②	③	④
	12	인터넷 사용 때문에 비도덕적인 행위를 저지르게 된다.	①	②	③	④
3	13	인터넷을 하는 동안 나는 가장 자유롭다.	①	②	③	④
	14	인터넷을 하고 있으면, 기분이 좋아지고 흥미진진해진다.	①	②	③	④
	15	인터넷을 하는 동안 나는 더욱 자신감이 생긴다.	①	②	③	④
	16	인터넷을 하고 있을 때 마음이 제일 편하다.	①	②	③	④
	17	인터넷을 하면 스트레스가 모두 해소되는 것 같다.	①	②	③	④
	18	인터넷이 없다면 내 인생에 재미있는 일이란 없다.	①	②	③	④

번 호		항 목	전혀 그렇지 않다	때때로 그렇다	자주 그렇다	항상 그렇다
	19	인터넷을 하지 못하면 생활이 지루하고 재미가 없다.	①	②	③	④
	20	만약 인터넷을 다시 할 수 없게 된다면 견디기 힘들 것이다.	①	②	③	④
	21	인터넷을 하지 못하면 안절부절못하고 초조해진다.	①	②	③	④
4	22	인터넷을 하고 있지 않을 때에도 인터넷에 대한 생각이 자꾸 떠오른다.	①	②	③	④
	23	인터넷 사용 때문에 실생활에서 문제가 생기더라도 인터넷 사용을 그만두지 못한다.	①	②	③	④
	24	인터넷을 할 때 누군가 방해를 하면 짜증스럽고 화가 난다.	①	②	③	④
	25	인터넷에서 알게 된 사람들이 현실에서 아는 사람들보다 나에게 더 잘해준다.	①	②	③	④
	26	온라인에서 친구를 만들어 본 적이 있다.	①	②	③	④
5	27	오프라인에서보다 온라인에서 나를 인정해주는 사람이 더 많다.	①	②	③	④
	28	실제에서 보다 인터넷에서 만난 사람들을 더 잘 이해하게 된다.	①	②	③	④
	29	실제 생활에서도 인터넷에서 하는 것처럼 해보고 싶다.	①	②	③	④
	30	인터넷 사용시간을 속이려고 한 적이 있다.	①	②	③	④
	31	인터넷을 하느라고 수업에 빠진 적이 있다.	①	②	③	④
6	32	부모님 몰래 인터넷을 한다.	①	②	③	④
	33	인터넷 때문에 돈을 더 많이 쓰게 된다.	①	②	③	④
	34	인터넷에서 무엇을 했는지 숨기려고 한 적이 있다.	①	②	③	④
	35	인터넷에 빠져 있다가 다른 사람과의 약속을 어긴적이 있다.	①	②	③	④
	36	인터넷을 한번 시작하면 생각했던 것보다 오랜 시간 인터넷을 하게 된다.	①	②	③	④
	37	인터넷을 하다가 그만 두면 또 하고 싶다.	①	②	③	④
7	38	인터넷 사용시간을 줄이려고 해보았지만 실패한다.	①	②	③	④
	39	인터넷 사용을 줄여야 한다는 생각이 끊임없이 들곤 한다.	①	②	③	④
	40	주위 사람들이 내가 인터넷을 너무 많이 한다고 지적한다.	①	②	③	④

인터넷 중독 예방상담센터(http://www.iapc.or.kr) 제공

위의 진단에서 표시한 항목의 번호가 점수입니다. 자신의 총점을 구하여 다음 장의 진단기준 중 어디에 해당하는지 살펴보세요.

당신의 인터넷 중독 점수는? (점)

94점 이하 : 일반 사용자 / 95-107점: 잠재적 위험 사용자 / 108점 이상: 고위험 사용자

고위험 사용자군 특성	중 · 고교생	총　점 : ① 108점 이상 요인별 : ② 1요인 26점 이상　③ 4요인 18점 이상　④ 7요인 17점 이상

판정 : ①에 해당하거나, ②~④ 모두 해당되는 경우

인터넷 사용으로 인해 일상생활에서 심각한 장애를 보이면서 내성 및 금단 현상이 나타난다. 대인관계는 사이버 공간에서 대부분 이루어지며, 해킹 등 비도덕적 행위와 막연한 기대가 크고, 일상 생활에서도 인터넷에 접속하고 있는 듯한 착각을 하기도 한다. 인터넷 접속시간은 중 · 고생의 경우 1일 약 4시간 이상, 초등생 약 3시간 이상이며, 중 · 고생은 수면시간도 5시간 내외로 줄어든다.

대개 자신이 인터넷 중독이라고 느끼며, 학업에 곤란을 겪는다. 또한 심리적으로 불안정감 및 대인관계 기피, 우울한 기분을 느끼는 경우가 흔하며, 성격적으로 자기조절에 심각한 어려움을 보이며, 충동성도 높은 편이다. 현실세계에서 대인관계에 문제를 겪거나, 외로움을 느끼는 경우도 많다.

〉〉 인터넷 중독 성향이 매우 높으므로 관련 기관의 전문적인 지원과 도움이 요청된다.

잠재적 위험 사용자군 특성	중 · 고교생	총　점 : ① 95~107점 요인별 : ② 1요인 23점 이상　③ 4요인 16점 이상　④ 7요인 15점 이상

판정 : ①~④ 중 한 가지라도 해당되는 경우

고위험 사용자에 비해 보다 경미한 수준이지만, 일상생활에서 장애를 보이며, 인터넷 사용시간이 늘어나고 집착을 하게 된다. 학업에 어려움이 나타날 수 있으며, 심리적 불안정감을 보이지만 절반 정도의 학생은 자신이 아무 문제가 없다고 느낀다. 대체로 중 · 고생은 1일 약 3시간 정도, 초등생은 2시간 정도의 접속시간을 보이며, 다분히 계획적이지 못하고 자기조절에 어려움을 보이며, 자신감도 낮은 경향이 있다.

〉〉 인터넷 과다사용의 위험을 깨닫고 스스로 조절하고 계획적으로 사용하도록 노력한다. 인터넷 중독에 대한 주의가 요망되며, 학교 및 관련 기관에서 제공하는 건전한 인터넷 활용 지침을 따른다.

고위험 사용자군 특성	중 · 고교생	총　점 : ① 94점 이하 요인별 : ② 1요인 22점 이하　③ 4요인 15점 이하　④ 7요인 14점 이하

판정 : ①~④ 모두 해당되는 경우

중 · 고생의 경우 1일 약 2시간, 초등생 약 1시간 정도의 접속시간을 보이며, 대부분 인터넷 중독 문제가 없다고 느낀다. 심리적 정서문제나 성격적 특성에서도 특이한 문제를 보이지 않으며, 자기 행동을 잘 관리한다고 생각한다. 주변 사람들과의 대인관계에서도 자신의 충분한 지원을 얻을 수 있다고 느끼며, 심각한 외로움이나 곤란함을 느끼지 않는다.

〉〉 인터넷의 건전한 활용에 대하여 자기 점검을 지속적으로 수행한다.

*출처 : 인터넷 중독 예방상담센터(http://www.iapc.or.kr) 제공

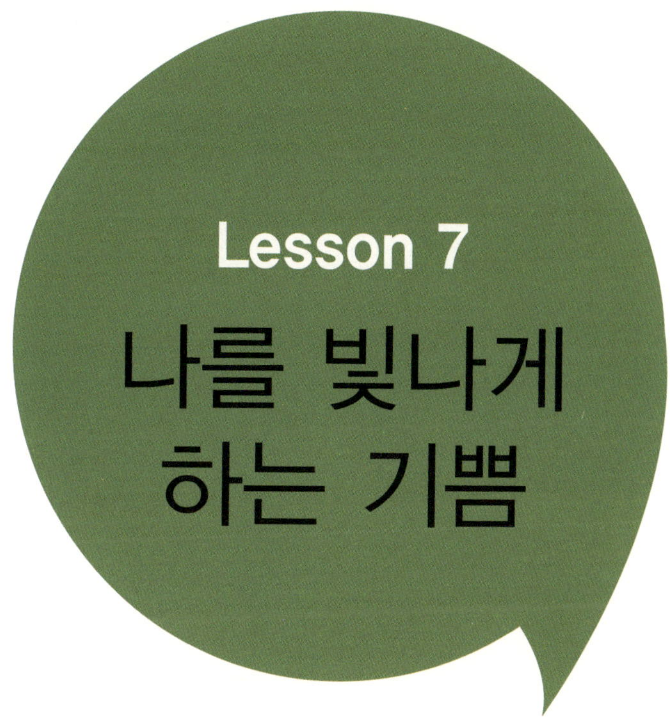

최악의 상태에 있을지라도
행복한 것처럼 생활하라.
이윽고 참된 기쁨이 찾아올 것이다.

– 탈무드 –

'가곡의 왕'으로 불리는 프란츠 피터 슈베르트(Franz Peter Schubert, 1797~1828)는 1797년 오스트리아의 수도 빈에서 태어났습니다. 슈베르트의 아버지는 음악을 무척 사랑하여 그의 집에서는 음악 소리가 끊어지는 날이 없었습니다. 넉넉지 않은 집안 형편에도 불구하고 즐거운 마음을 유지하려는 집안 분위기 덕분에 슈베르트는 일찍부터 음악을 배울 수 있었습니다.

슈베르트는 특히 노래 부르는 것을 좋아했습니다. 아름다운 목소리를 가진 슈베르트는 열한 살이 되던 해 궁정 예배당의 소년합창단에 뽑혀 국립 신학교에 들어가게 되었습니다.

슈베르트는 책을 무척 좋아하는 슈파운이라는 친구와 가깝게 지냈는데, 이 친구는 종종 슈베르트에게 시집을 선물해 주곤 했습니다.

"슈베르트, 이건 괴테라는 시인의 시집인데 참 좋아. 한 번 읽어봐."

"고마워, 슈파운. 이 시에 어울릴만한 아름다운 곡을 만들어 봐야겠어."

슈베르트는 시에 선율을 붙인 곡을 만들어 친구들에게 불러주곤 했습니다. 수줍음이 많은 슈베르트였지만 이 시간만큼은 아주 즐겁게 보낼 수 있었습니다.

슈베르트는 성장할수록 노래를 부르는 것보다 작곡하는 것에 흥미를 느꼈습니다. 작곡활동에 전념한 슈베르트는 훌륭한 연주자들의 음악적 소통과 더불어 점점 많은 사람들에게 명성과 칭찬을 얻게 되었습니다. 스물 다섯이 될 무렵 슈베르트는 서서히 병을 앓게 되었습니다. 하지만 그는 몸이 아프다고 작곡하는 것을 게을리하지 않았고, 서른 한 살의 이른 나이에 생을 마감하는 그 순간까지도 작곡하는 것을 즐거워했습니다.

어떠한 상황에서도 불평하지 않고 즐거운 마음을 유지하는 기쁨의 성품을 간직한 슈베르트는 자신의 고통 속에서도 1,000여 곡이 넘는 가곡을 남겨 많은 사람들에게 기쁨을 선물하는 음악가가 되었습니다.

Think Tank

1. 슈베르트는 자신의 기쁨을 음악을 통해 표현했고 작곡하면서 기쁨을 느꼈습니다.
   여러분도 잘하는 것이 있습니까?

2. 즐겁게 하는 것은 억지로 하는 것의 10배의 효과가 난다는 통계가 있습니다.
   옛말에 知之者不如好之者好之者不如樂之者(자왈 지지자불여호지자 호지자불여낙지자)라는 말이
   있습니다 '아는 것은 좋아하는 것만 못하고 좋아하는 것은 즐거워하는 것만 못하다' 라는 뜻입니다.
   여러분이 즐겁게 하는 것은 무엇입니까?

3. 직업을 통해 얻는 기쁨은 큽니다. 자신이 즐거워하는 일, 잘할 수 있는 일, 나에게 기쁨이 되는 일이
   직업이 된다면 무척 신나겠지요.
   여러분은 미래에 어떤 직업을 통해 기쁨을 누리고 싶습니까?

Real Action

1. 슈베르트의 곡을 감상해 보세요.
   - 곡명 : 피아노 5중주 '송어' 4악장
   - 곡명 : 군대행진곡

2. 슈베르트의 곡을 감상해 본 후 아래의 빈칸을 채워 보세요.

구분	슈베르트	나
흥미있었던 것		
잘하는 것		
다른 사람에게 기쁨을 줄 수 있는 것		
직 업		

Q. 기쁨의 성품은 어떤 유익이 있나요?

1. 기쁨을 가진 사람은 자신감과 큰 꿈을 얻습니다.

2. 기쁨이 있는 사람은 자신감이 있습니다.

3. 기쁨이 있는 사람은 풍성한 인간관계를 맺습니다.

4. 기쁨이 있으면 다른 사람이 나를 좋아합니다.

5. 기쁨이 있으면 열정이 많아지고 꿈을 이루게 됩니다.

6. 기쁨이 있으면 질병도 물리칩니다.

7. 기쁨이 있으면 모든 것을 긍정적으로 보게 됩니다.

8. 기쁨이 있으면 다른 사람들을 너그럽게 대하며
   행복을 누립니다.

Lesson 8

영화에서 찾은 '기쁨'

최고의 보물은 내 안에 있는 꿈이다.
꿈이 있기에 오늘의 내가 있고,
나의 미래가 있는 것이다.
– 알렉산더 대왕 (알렉산드로 3세) –

악기 소리와 아이들의 떠드는 소리가 뒤섞여 시끄러운 관악부 연습실에 한 남자가 빼꼼히 문을 열었다.

"여기가 밴드부 맞지?"

"밴드부 아니고 관악부인데요?"

기쁨이 없는 생활에 익숙한 탄광촌 아이들에게 기쁨을 포기한 선생님이 찾아왔다. 서울에서 교향악단 단원의 꿈도 번번이 실패하고, 여자 친구와의 사랑도 실패한 현우(극중 최민식)가 자포자기의 심정으로 강원도 산골의 관악부 담당선생님으로 부임했다.

몸이 아픈 할머니와 함께 사는 재일이, 상고에나 가라는 아버지를 둔 용석이, 고장난 악기, 낡은 악보, 대회에서 우승하지 않으면 강제해산이 되어야 하지만 형편없는 실력이 전부인 관악부 아이들에게 현우가 물었다.

"너희 음악은 왜 하니?"

"……"

"케니지처럼 되고 싶어요."

"할머니한테 들려주고 싶어요."

"연주하고 싶어서요."

그러나 아이들에게 닥친 현실은 어른들의 냉담한 반응과 탄광촌이라는 극복하기 어려운 환경 뿐이었다. 그 누구도 아이들이 기쁨을 되찾으리라고는 생각하지 않았다. 현우는 이러한 환경 속에서도 음악을 하고 싶어 하는 아이들을 보고 차츰 마음을 열기 시작했다. 재일이 할머님의 병원비를 위해 그토록 혐오하던 밤무대에 올라 돈을 벌고, 음악을 반대하는 용석이의 아버지를 찾아가 아이가 꿈을 이루도록 도와달라고 부탁하였다. 그리고 관악부 아이들과 함께 비를 맞으며 연주하는 모습을 보여주며 아버지의 허락을 받아내었다.

음악으로 만난 현우와 아이들은 어려운 상황이나 형편 속에서도 즐거운 마음을 유지하는 태도로 관악경연대회를 준비했다. 드디어 대회의 막이 올랐고 현우는 아이들이 선물해준 지휘봉을 들고 무대에 올라 아이들과 함께 기쁨을 연주하였다. 현우와 아이들은 음악을 통해 서로에게 기쁨이 되고 희망이 되었다. 그리고 멋진 연주로 최고의 기쁨인 꿈을 함께 이루었다.

 **함께 영화 보기**

Think Tank

1. 현우처럼 실패했다고 생각한 적이 있었나요?

2. 주변 사람들은 기대하지 않고 인정하지 않지만 관악부 아이들처럼 이루고 싶은 것이 있나요?

Real Action

1. 관악부 아이들이 어려운 상황이나 형편 속에서도 음악을 통해 기쁨을 발견한 것처럼 여러분은 무엇을 통해 기쁨을 발견하고 싶은가요? '기쁨의 성품으로 나의 꿈 설계하기 6단계'를 적어 보세요.

〈기쁨의 성품으로 나의 꿈 설계하기 6단계〉

1단계	간절이 원하는 인생의 목표를 적어 보세요.	
2단계	목표를 달성할 수 있는 기간을 정해 보세요.	
3단계	예상되는 방해요인과 필요한 지식을 적어 보세요.	
4단계	목표를 이루기 위한 실제적인 활동들과 도움을 청할 사람을 적어 보세요.	
5단계	목표를 달성한 후 자신의 모습과 주변의 반응을 상상해 보세요.	
6단계	목표가 달성될 때까지 절대 포기하지 않겠다고 스스로를 격려하는 문구를 적어 보세요.	

Q. 성품 리더십이란 무엇인가요?

A. 리더십은 국어사전에 의하면 '무리를 다스리거나 이끌어 가는 지도자로서의 능력' 을 일컫는 말입니다. 한 단어로는 간단히 '통솔력' 이라고도 말하지요.

예전에는 훌륭한 리더십에 대해 결단력, 단호함, 추진력 등 강력한 이미지와 힘을 소유한 리더를 연상하기도 했습니다. 그러나 21세기는 감성의 시대, 다양화 시대, 개성의 시대, 하이테크(High Tech)시대가 만개하면서 사람을 이해하고 마음을 열게 하는 하이터치(High Touch)가 더 중요하게 되었습니다. 그래서 인간적인 개념을 내포하고 있는 성품리더십이 더욱 필요한 시대가 되었지요.

성품 좋은 사람들은 저절로 리더십을 발휘합니다. 리더십의 핵심은 영향력인데, 사람들은 좋은 성품의 사람을 따라하고 함께 있기를 좋아하기 때문에 저절로 영향력을 끼치는 지도자가 됩니다. 성품으로 빚어지는 리더십의 영향력은 다른 무엇보다도 강력한 결과를 만들어 냅니다. 예를 들어 독일의 두 지도자를 비교해봅시다.

독일의 두 지도자

한 사람은 태어난 지 9개월 만에 어머니를 여의고 다섯 살 때부터 새어머니 밑에서 자랐습니다. 새어머니로부터 온갖 학대와 멸시를 다 받으면서 비참한 어린 시절을 보냈지만 그는 이런 어려움을 겪으면서 한 가지 생각을 굳혔습니다. 어린이들이 자신처럼 불행한 시절을 보내는 일은 더 이상 없도록 해야 한다는 생각이었지요. 그리고 마침내 소년은 교육자로 성장하여, 불우한 가정의 아이들을 돌보는 교육기관을 만들게 되었습니다. 바로 세계 최초의 유아교육기관을 설립한 프뢰벨입니다. 그는 어린 시절에 받은 학대와 상처를 긍정적인 방향으로 극복하여 불우한 아이들에게 꿈과 희망을 주는 훌륭한 지도자가 되었지요.

한편 프뢰벨처럼 불행한 유년 시절을 보낸 또 다른 한 사람이 있습니다. 그는 어린 시절 유태인인 아버지로부터 심한 매질을 당하면서 증오심을 가슴 깊이 새겨두었습니다. 그리고 성인이 된 후에는 나치의 지도자가 되어 유태인에 대한 증오심을 대학살로 분출시키고 말았습니다. 바로 600만 명의 유태인을 학살한 아돌프 히틀러입니다. 부정적인 상황은 동일했지만 성품의 차이가 부른 영향력은 극단적인 정반대의 결과로 나타났습니다.

이처럼 한 사람의 성품은 똑같이 불후한 환경에서 전혀 다른 영향력을 만들어 냅니다. 성품리더십이란 한 개인의 잠재력을 극대화하여 다른 사람과 공동체가 나아가야 할 비전을 제시해 주고, 성공적인 성취가 이루어지도록 영향력을 발휘하는 것입니다. 성품 좋은 지도자는 자신의 좋은 성품으로 다른 사람들의 생각과 감정, 행동에 변화를 일으켜서, 그들이 더 좋은 가치를 선택할 수 있도록 동기를 유발시키지요. 그래서 성품 좋은 사람이 지도자가 되면, 세상을 행복하게 바꾸는 영향력이 나타납니다. 결국 성품리더십을 소유한 지도자가 아름답고 행복한 공동체를 만들고, 평화로운 세상, 살기 좋은 나라를 만드는 것입니다.

성품독서기록장

사람의 성품은 그가 읽은 책으로 알 수 있다.
그것은 마치 친구를 보고 판단할 수 있는 것과 같다.
– 새무얼 스마일즈 –

읽은 날　　　　　　　　　　　　　　　도서명

읽은 페이지　　　　　　　　　　　　　지은이

책 속의 보물
(기억에 남는 한줄)

오늘 내 삶에 적용할 기쁨의 태도

읽은 날　　　　　　　　　　　　　　　도서명

읽은 페이지　　　　　　　　　　　　　지은이

책 속의 보물
(기억에 남는 한줄)

오늘 내 삶에 적용할 기쁨의 태도

읽은 날　　　　　　　　　　　　　　　도서명

읽은 페이지　　　　　　　　　　　　　지은이

책 속의 보물
(기억에 남는 한줄)

오늘 내 삶에 적용할 기쁨의 태도

읽은 날

도서명

읽은 페이지

지은이

책 속의 보물
(기억에 남는 한줄)

오늘 내 삶에 적용할 기쁨의 태도

읽은 날

도서명

읽은 페이지

지은이

책 속의 보물
(기억에 남는 한줄)

오늘 내 삶에 적용할 기쁨의 태도

읽은 날

도서명

읽은 페이지

지은이

책 속의 보물
(기억에 남는 한줄)

오늘 내 삶에 적용할 기쁨의 태도

읽은 날	도서명

읽은 페이지

지은이

책 속의 보물
(기억에 남는 한줄)

오늘 내 삶에 적용할 기쁨의 태도

읽은 날	도서명

읽은 페이지

지은이

책 속의 보물
(기억에 남는 한줄)

오늘 내 삶에 적용할 기쁨의 태도

읽은 날	도서명

읽은 페이지

지은이

책 속의 보물
(기억에 남는 한줄)

오늘 내 삶에 적용할 기쁨의 태도

읽은 날

도서명

읽은 페이지

지은이

책 속의 보물
(기억에 남는 한줄)

오늘 내 삶에 적용할 기쁨의 태도

읽은 날

도서명

읽은 페이지

지은이

책 속의 보물
(기억에 남는 한줄)

오늘 내 삶에 적용할 기쁨의 태도

읽은 날

도서명

읽은 페이지

지은이

책 속의 보물
(기억에 남는 한줄)

오늘 내 삶에 적용할 기쁨의 태도

읽은 날　　　　　　　　　　　　　　　　도서명

읽은 페이지　　　　　　　　　　　　　　지은이

책 속의 보물
(기억에 남는 한줄)

오늘 내 삶에 적용할 기쁨의 태도

읽은 날　　　　　　　　　　　　　　　　도서명

읽은 페이지　　　　　　　　　　　　　　지은이

책 속의 보물
(기억에 남는 한줄)

오늘 내 삶에 적용할 기쁨의 태도

읽은 날　　　　　　　　　　　　　　　　도서명

읽은 페이지　　　　　　　　　　　　　　지은이

책 속의 보물
(기억에 남는 한줄)

오늘 내 삶에 적용할 기쁨의 태도

읽은 날   도서명

읽은 페이지   지은이

책 속의 보물
(기억에 남는 한줄)

오늘 내 삶에 적용할 기쁨의 태도

읽은 날   도서명

읽은 페이지   지은이

책 속의 보물
(기억에 남는 한줄)

오늘 내 삶에 적용할 기쁨의 태도

읽은 날   도서명

읽은 페이지   지은이

책 속의 보물
(기억에 남는 한줄)

오늘 내 삶에 적용할 기쁨의 태도

읽은 날   도서명

읽은 페이지   지은이

책 속의 보물
(기억에 남는 한줄)

오늘 내 삶에 적용할 기쁨의 태도

읽은 날   도서명

읽은 페이지   지은이

책 속의 보물
(기억에 남는 한줄)

오늘 내 삶에 적용할 기쁨의 태도

읽은 날   도서명

읽은 페이지   지은이

책 속의 보물
(기억에 남는 한줄)

오늘 내 삶에 적용할 기쁨의 태도

읽은 날

도서명

읽은 페이지

지은이

책 속의 보물
(기억에 남는 한줄)

오늘 내 삶에 적용할 기쁨의 태도

읽은 날

도서명

읽은 페이지

지은이

책 속의 보물
(기억에 남는 한줄)

오늘 내 삶에 적용할 기쁨의 태도

읽은 날

도서명

읽은 페이지

지은이

책 속의 보물
(기억에 남는 한줄)

오늘 내 삶에 적용할 기쁨의 태도

읽은 날	도서명
읽은 페이지	지은이

책 속의 보물
(기억에 남는 한줄)

오늘 내 삶에 적용할 기쁨의 태도

읽은 날	도서명
읽은 페이지	지은이

책 속의 보물
(기억에 남는 한줄)

오늘 내 삶에 적용할 기쁨의 태도

읽은 날	도서명
읽은 페이지	지은이

책 속의 보물
(기억에 남는 한줄)

오늘 내 삶에 적용할 기쁨의 태도

읽은 날

도서명

읽은 페이지

지은이

책 속의 보물
(기억에 남는 한줄)

오늘 내 삶에 적용할 기쁨의 태도

읽은 날

도서명

읽은 페이지

지은이

책 속의 보물
(기억에 남는 한줄)

오늘 내 삶에 적용할 기쁨의 태도

읽은 날

도서명

읽은 페이지

지은이

책 속의 보물
(기억에 남는 한줄)

오늘 내 삶에 적용할 기쁨의 태도

읽은 날   도서명

읽은 페이지   지은이

책 속의 보물
(기억에 남는 한줄)

오늘 내 삶에 적용할 기쁨의 태도

읽은 날   도서명

읽은 페이지   지은이

책 속의 보물
(기억에 남는 한줄)

오늘 내 삶에 적용할 기쁨의 태도

읽은 날   도서명

읽은 페이지   지은이

책 속의 보물
(기억에 남는 한줄)

오늘 내 삶에 적용할 기쁨의 태도

읽은 날

도서명

읽은 페이지

지은이

책 속의 보물
(기억에 남는 한줄)

오늘 내 삶에 적용할 기쁨의 태도

읽은 날

도서명

읽은 페이지

지은이

책 속의 보물
(기억에 남는 한줄)

오늘 내 삶에 적용할 기쁨의 태도

읽은 날

도서명

읽은 페이지

지은이

책 속의 보물
(기억에 남는 한줄)

오늘 내 삶에 적용할 기쁨의 태도

읽은 날　　　　　　　　　　　　　　　　　도서명

읽은 페이지　　　　　　　　　　　　　　　지은이

책 속의 보물
(기억에 남는 한줄)

오늘 내 삶에 적용할 기쁨의 태도

읽은 날　　　　　　　　　　　　　　　　　도서명

읽은 페이지　　　　　　　　　　　　　　　지은이

책 속의 보물
(기억에 남는 한줄)

오늘 내 삶에 적용할 기쁨의 태도

읽은 날　　　　　　　　　　　　　　　　　도서명

읽은 페이지　　　　　　　　　　　　　　　지은이

책 속의 보물
(기억에 남는 한줄)

오늘 내 삶에 적용할 기쁨의 태도

읽은 날   도서명

읽은 페이지   지은이

책 속의 보물
(기억에 남는 한줄)

오늘 내 삶에 적용할 기쁨의 태도

읽은 날   도서명

읽은 페이지   지은이

책 속의 보물
(기억에 남는 한줄)

오늘 내 삶에 적용할 기쁨의 태도

읽은 날   도서명

읽은 페이지   지은이

책 속의 보물
(기억에 남는 한줄)

오늘 내 삶에 적용할 기쁨의 태도

읽은 날

도서명

읽은 페이지

지은이

책 속의 보물
(기억에 남는 한줄)

오늘 내 삶에 적용할 기쁨의 태도

읽은 날

도서명

읽은 페이지

지은이

책 속의 보물
(기억에 남는 한줄)

오늘 내 삶에 적용할 기쁨의 태도

읽은 날

도서명

읽은 페이지

지은이

책 속의 보물
(기억에 남는 한줄)

오늘 내 삶에 적용할 기쁨의 태도

읽은 날   도서명

읽은 페이지   지은이

책 속의 보물
(기억에 남는 한줄)

오늘 내 삶에 적용할 기쁨의 태도

읽은 날   도서명

읽은 페이지   지은이

책 속의 보물
(기억에 남는 한줄)

오늘 내 삶에 적용할 기쁨의 태도

읽은 날   도서명

읽은 페이지   지은이

책 속의 보물
(기억에 남는 한줄)

오늘 내 삶에 적용할 기쁨의 태도

참고문헌

- 『이제는 성품입니다』 이영숙 (좋은나무성품학교, 2007)
- 『나를 찾아 떠나는 여행-성품』 이영숙 (두란노, 2007)
- 『성품 좋은 아이로 키우는 자녀훈계법』 이영숙 (두란노, 2008)
- 『성품 좋은 아이로 키우는 부모의 말 한 마디』 이영숙 (예담프랜즈, 2009)
- 『청소년 성품 리더십스쿨』 이영숙 (좋은나무성품학교, 2009)
- 『창의로운 인성을 키우는 성품이야기-행복을 만드는 성품』 이영숙 (두란노, 2010)
- 『성품양육 바이블』 이영숙 (물푸레, 2010)
- 『칼럼 - 기쁨의 리더십』 이영숙 (2011)
- 『한국형 12성품교육론』 이영숙 (좋은나무성품학교, 2011)
- 『성품 향기되어 날다』 이영숙 (좋은나무성품학교, 2012)
- 『기쁨 성품워크북』 이영숙 (좋은나무성품학교, 2005)
- 『인성을 가르치는 학교 만들기』 이영숙 (좋은나무성품학교, 2013)

(사)한국성품협회 청소년성품리더십 교재

틴틴스쿨 기쁨

초판 1쇄 인쇄 2011년 3월 3일
초판 2쇄 인쇄 2012년 4월 26일
2판 1쇄 발행 2013년 10월 15일

지은이 : 이영숙
편집인 : 청소년 교육연구팀
발행인 : 이영숙
등록번호 : 제25100-2012-125호
등록일자 : 2012년 10월 11일

발행처 : 좋은나무성품학교
주소 : 서울시 송파구 백제고분로 187
전화 : 1577-3828
홈페이지 : www.goodtree.or.kr

정가 : 6,000원

사단법인 한국성품협회
KOREA CHARACTER ASSOCIATION | 좋은나무성품학교
GOODTREE CHARACTER SCHOOL

서울연구소 | 서울시 송파구 백제고분로 187
수원연구소 | 용인시 기흥구 서그내로53번길 30
www.ikoca.org www.goodtree.or.kr T. 1577-3828

03230

9 788964 031223
ISBN 978-89-6403-122-3